AF282815

Guía para el docente y solucionarios

Gestión de pisos y limpieza en alojamientos

Editado por: IC Editorial
c/ Cueva de Viera, 2, Local 3
Centro Negocios CADI
29200 Antequera (Málaga)
Teléfono: 952 70 60 04
Fax: 952 84 55 03
Correo electrónico: iceditorial@iceditorial.com
Internet: www.iceditorial.com

Guía para el docente y solucionarios:
Gestión de pisos y limpieza en alojamientos

1ª Edición

© IC Editorial 2026

IC Editorial ha puesto el máximo empeño en ofrecer una información completa y precisa. Sin embargo, no asume ninguna responsabilidad derivada de su uso, ni tampoco la violación de patentes ni otros derechos de terceras partes que pudieran ocurrir. Mediante esta publicación se pretende proporcionar unos conocimientos precisos y acreditados sobre el tema tratado. Su venta no supone para IC Editorial ninguna forma de asistencia legal, administrativa ni de ningún otro tipo.

Reservados todos los derechos de publicación en cualquier idioma.

Cualquier forma de reproducción, distribución, comunicación pública o transformación de esta obra solo puede ser realizada con la autorización de sus titulares, salvo excepción prevista por la ley. Diríjase a CEDRO (Centro Español de Derechos Reprográficos) si necesita fotocopiar o escanear algún fragmento de esta obra (www.cedro.org).

Según el Código Penal, el contenido está protegido por la ley vigente que establece penas de prisión y/o multas a quienes intencionadamente reprodujeren o plagiaren, en todo o en parte, una obra literaria, artística o científica.

ISBN: 979-13-7027-111-4
Depósito Legal: MA 10-2026

Impresión: PODiPrint
Impreso en Andalucía - España

Índice

Guía para el docente: técnicas de enseñanza y aprendizaje

Contenido

1. Introducción

El presente capítulo está destinado a ofrecer al cuerpo docente responsable de la enseñanza del programa de cualificaciones profesionales y certificados de profesionalidad, una guía metodológica para obtener el máximo rendimiento de los contenidos formativos que han sido desarrollados para el presente título.

La mejora de las habilidades comunicativas y la aplicación de una metodología contrastada de enseñanza, aprendizaje y evaluación permitirá transmitir el conocimiento y adquirir el programa formativo de la forma más efectiva y práctica posible.

Estudiaremos cuáles son los principales elementos que forman parte de la comunicación profesor-alumno, a través de una cuidada selección de sistemas de planificación de estrategias didácticas, así como la utilización de medios y recursos didácticos.

La integración de todas las actividades planificadas alrededor de un plan de formación adaptado e individualizado, aumentará además la satisfacción del alumnado por la utilización de un sistema no lineal e interactivo que se retroalimenta gracias a la relación establecida entre la propia metodología y los actores que forman parte de la enseñanza.

2. El programa de formación

Una de las claves del éxito de la mayoría de las actividades que se realizan en general, y concretamente en la formación, es la **programación.** Es necesaria la programación de las acciones formativas, para que así se pueda alcanzar el objetivo final, es decir, que el alumno obtenga una buena capacitación y adquiera nuevos conocimientos en su repertorio y que, después, sea capaz de emplearlos en su trabajo.

2.1. Definición de programación

Cuando se habla de **programación,** se pueden encontrar multitud de definiciones. Para sintetizar, se podría definir como la actividad de enunciar lo que se quiere hacer (objetivos, contenidos, métodos, temporalización, medios y recursos didácticos y evaluación).

 Definición

Programación
Es un plan donde se establecen las acciones que se van a realizar en un proceso de enseñanza-aprendizaje, por medio de un formador o un equipo.

A continuación, se va a describir una serie de características que tiene que tener una programación didáctica:

- Dinámica. Una programación no es estática ni está acabada, siempre está en constante revisión, de ahí su dinamismo. Además va cambiando o evolucionando según los resultados de la evaluación continua que se va realizando durante la ejecución de la acción.
- Flexible. Esta característica permite que se puedan hacer cambios, ampliaciones, reducciones y actualizaciones de los contenidos y actividades programadas, según las necesidades que se observen.
- Creativa. La programación como es un diseño propio y exclusivo, exige creatividad y originalidad. El docente es el que decide sobre el quehacer en el aula teniendo en cuenta las características del grupo, las necesidades que se pretenden satisfacer y las propias posibilidades.
- Prospectiva. La programación consiste en hacer un pronóstico de la interacción que se va a producir en el aula.

- Sistemática. La programación es un proceso sistematizador que da coherencia a la acción formativa, ya que tiene en cuenta todos los elementos (objetivos, contenidos, métodos, temporalización, medios y recursos pedagógicos y evaluación) que intervienen en el acto educativo y analiza sus relaciones.
- Integradora. Permite integrar elementos de cualificación técnico-profesionales con elementos de cualificación personal de alumnado.
- Funcional. Toda programación debe basarse en el perfil profesional de la ocupación y estructurar los contenidos formativos que proporcionan las competencias de ésta.

2.2. Elementos de la programación

Antes de empezar cualquier programación formativa, es necesario tener en cuenta los datos obtenidos del análisis de la ocupación y del grupo al que se dirige la acción formativa. A partir de esta información, se determinan los elementos que van a conformar la programación.

Cuando se realiza la programación de un curso, hay que plantearse previamente las siguientes preguntas:

1. ¿Qué quiero conseguir con la formación?	**OBJETIVOS**
2. ¿Qué conocimientos deben asimilar los alumnos para alcanzar los objetivos propuestos?	**CONTENIDOS DEL CURSO**
3. ¿Cómo trabajamos en el aula? ¿Qué actividades son las que realizamos?	**MÉTODOS DE ENSEÑANZA**
4. ¿Cuánto tiempo tengo y cuánto dedico a cada módulo?	**TEMPORALIZACIÓN**
5. ¿Qué medios y recursos didácticos se necesitan para poder llevar a cabo esas actividades?	**MEDIOS Y RECURSOS DIDÁCTICOS**
6. ¿Cómo sabemos que se ha producido el aprendizaje?	**EVALUACIÓN**

3. Factores determinantes de la efectividad de la comunicación en el proceso de enseñanza-aprendizaje

En toda comunicación que se produzca en el proceso de enseñanza-aprendizaje, existen factores determinantes que obstaculizan o refuerzan este proceso.

3.1. Obstáculos de la comunicación

Relacionados con el emisor

- No expresar de forma clara qué mensaje se quiere transmitir.
- Comentar algo a lo largo de la explicación que no sea lo correcto y pueda resultar desagradable.
- Cambiar el tema de conversación.
- Desviarse del tema que se está tratando.
- No mirar al receptor cuando se quiere expresar algo.
- No estar atento a las señales que emite el receptor.
- Expresar alguna idea a través de los gestos que no se corresponda con la idea a comunicar.

Relacionados con el receptor

- No comprender las ideas que quiere expresar el emisor.
- No pedir explicación al emisor de aquella información que no le haya quedado clara.
- Interrumpir al emisor cuando está hablando.
- Captar algo diferente a lo que el emisor desea transmitir.

Relacionados con el mensaje

- Mensaje confuso.
- Mensaje muy corto.
- Mensaje muy extenso.
- Abuso de muletillas.
- Utilización de frases sin terminar.
- Dar "rodeos" para decir la idea principal.

Relacionados con el contexto

- No ser el momento adecuado para transmitir algo.
- No saber escoger el lugar oportuno.
- La presencia de ruidos y de interferencias.
- No pensar en las personas que están cerca.

Relacionados con el código

- No utilizar el mismo código que la persona con la que se habla o a la que se escucha.
- No adaptar el vocabulario a la situación o a la persona con la que se conversa.
- Utilizar el doble sentido.

3.2. Sugerencias para el mejor funcionamiento de la comunicación

Emisor

- Acostumbrarse a planificar la comunicación.
- Concretar visiblemente los objetivos.
- Buscar la retroalimentación en la comunicación.
- No tratar de impresionar al receptor.

Mensaje

- Que sea claramente entendido por el receptor.
- Que la terminología usada sea de referencia común.
- Que reclame la atención y el interés del alumnado.
- Que sea sencillo de interpretar.
- Que su contenido sea adecuado y convincente.
- Que produzca el máximo efecto posible.

Canal

- Que sea el más apropiado al grupo al que se dirige, al contenido del mensaje y al objetivo que persigue el formador.
- Que sea el que cause mayor impacto en el receptor.
- Que sea el más eficaz.
- Que sea el que mejor domine el formador.

4. La comunicación verbal y no verbal en el proceso instructivo

Los medios de comunicación pueden agruparse en dos grandes bloques: los **medios verbales,** que son aquellos que usan la lengua como código compartido; y los **medios no verbales,** que son los que se fundamentan en otros códigos simbólicos. A su vez, dentro de los medios verbales, están el medio escrito y el medio oral.

Cada uno de estos medios tiene sus ventajas y sus inconvenientes, por lo que la selección del medio deberá tener en cuenta las circunstancias y características que en cada caso presenta el comunicador, la audiencia y el mensaje que se ha de transmitir.

4.1. Los medios verbales

La comunicación verbal

La comunicación verbal se utiliza para comunicar ideas o dar información, opiniones, expresar o describir sentimientos, etc. Sirve de vehículo a los contenidos explícitos del mensaje. Para garantizar la efectividad de la comunicación, es necesario que el mensaje se presente de forma descriptiva y operativa, pero siempre teniendo muy en cuenta el código común del grupo al que va dirigida esta comunicación.

Un uso correcto del lenguaje oral ayuda a acercarse más a los alumnos. Los principales aspectos a considerar son los que aparecen a continuación.

Construcciones gramaticales

El objetivo será transmitir el mensaje de la manera más clara posible. Se deben evitar los giros rebuscados, la sintaxis complicada y las metáforas. En las explicaciones y conversaciones debe primar el contenido sobre la forma.

Vocabulario

Es importante saber qué palabras van a expresar mejor los conceptos que se desean transmitir y las que pueden ser comprendidas mejor por los alumnos. El análisis previo de los alumnos ayuda a saber qué términos técnicos se pueden utilizar sin problemas, cuáles se tienen que explicar y cuáles se deben evitar.

En general, siempre hay que mantenerse dentro de un lenguaje formal, evitando los vocablos demasiado coloquiales, las palabras extranjeras, las referencias académicas y expresiones de carácter religioso, político, deportivo o cultural, que pueden resultar agresivas para los alumnos.

Ejemplos

Los conceptos abstractos que pueden aparecer y que dificultan la adquisición de los contenidos, tienen que ser expresados mediante las explicaciones del formador, siempre apoyándose en la visualización.

La comunicación escrita

La comunicación escrita posee un carácter más veraz que la oral. La interacción que tiene lugar entre el emisor y el receptor no es inmediata, en algunas ocasiones no llega a producirse jamás. Este tipo de comunicación ofrece más oportunidades expresivas y mayor complejidad gramatical, sintáctica y léxica. También hay que tener en cuenta que a veces dificulta la expresión y/o puede no proporcionar *feedback* de manera inmediata.

4.2. Los medios no verbales

Al igual que las palabras, los elementos de la comunicación no verbal son signos que representan una idea (se excluyen todos los signos lingüísticos).

A diferencia de la comunicación verbal, su función no se centra sólo en la transmisión de contenido, sino que traspasa esa frontera para expresar también las emociones del emisor, controlar la interacción y proporcionar *feedback* del efecto que el mensaje produce en el receptor. Todas estas funciones son muy útiles para el formador, tanto en su tarea de transmisor de conocimientos como en la tarea de motivar y dirigir al grupo.

A continuación, se detallan las diferentes categorías en las que se agrupan los elementos de la comunicación no verbal.

Kinesia

Posturas

Una de las primeras cosas que el formador debe transmitir a sus alumnos es confianza y seguridad, lo que puede conseguirse a través de una postura erguida (sin llegar a ser arrogante), de pie, apoyándose sobre los dos pies y manteniendo la cabeza alta.

Esta postura es útil, especialmente durante la presentación del curso, porque ayuda a relajar el cuerpo, a facilitar la respiración y a controlar las muestras de nerviosismo, al tener un buen apoyo en el suelo.

A medida que avanza el curso, se pueden adoptar otras posturas que faciliten el descanso (apoyarse), el acercamiento (echar el cuerpo hacia delante) o que resten protagonismo (sentarse).

Gestos

Los gestos son un buen aliado del formador, excepto cuando éste se siente incómodo o nervioso. Gestos de carácter adaptador, como rascarse o colocarse la ropa, pueden delatar su estado emocional.

La mayoría de los gestos cumplen la función de reforzar el mensaje verbal (ilustradores), aunque existen otros cuya función es regular las intervenciones cuando se dirige una discusión de grupo.

Expresiones faciales

Las expresiones de la cara transmiten las emociones y permiten obtener fácilmente una respuesta del alumno.

Una expresión facial agradable, como una sonrisa no forzada, facilita la creación de un ambiente relajado en el aula. Una sonrisa puede ser muy útil también para romper la tensión que inevitablemente surge en algunas sesiones.

Mirada

La mirada, junto con la postura, es uno de los mejores métodos para transmitir confianza (en momentos de nerviosismo se tiende a apartar la vista) y para captar la atención de los alumnos.

Mientras el formador habla debe mantener la mirada sobre los alumnos la mayor parte del tiempo, mirándolos el tiempo suficiente como para que se sientan atendidos pero no incómodos. También se puede utilizar la mirada durante las discusiones de grupo, con una función reguladora de las distintas intervenciones.

Desplazamientos

Realizar desplazamientos en el aula capta la atención del alumnado, además de facilitar el contacto visual. Hay que procurar que no sean repetitivos o bruscos (pasear cerca de los alumnos), y cambiar de un recurso a otro (ir de la pizarra al retroproyector), etc.

Recuerde

Los recursos no verbales que estudia la Kinesia son:

I Posturas.
I Gestos.
I Expresiones faciales.
I Mirada.
I Desplazamientos.

Estos recursos pueden utilizarse tanto para reforzar lo que se expresa mediante la comunicación verbal como para sustituirlo.

Proxémica

El aspecto de la proxémica que más interesa es la proximidad física entre los individuos, ya que los alumnos pueden sentirse violentos si el formador se aproxima excesivamente a ellos o, por el contrario, verle distante si no se acerca.

Se debe prestar atención a este aspecto, tanto durante las intervenciones como al distribuir el espacio del aula que se va a emplear, evitando siempre que los asientos estén demasiado juntos o demasiado separados.

Paralingüística

Para captar la atención del público, los oradores suelen hacer uso de determinados aspectos como el tono de voz o las pausas, que en algunos casos pueden parecer exagerados.

El formador, aunque emplee el método de la lección magistral, no es un orador y, por tanto, no debe prestar especial atención a estos aspectos, excepto cuando le plantean algún problema, debido a la ansiedad, al cansancio o a un mal estado de salud. Practicar en voz alta y realizar grabaciones durante la fase de preparación puede ayudar a vencer estas dificultades.

Volumen

Aunque el aula sea pequeña, se tiene que realizar el esfuerzo de hablar lo suficientemente alto para que todos los alumnos oigan las explicaciones y, a la vez, transmitir confianza. En general, el volumen se ajustará instintivamente cuando se compruebe dónde se sitúa la persona que se encuentra más alejada.

Entonación

El problema más frecuente, especialmente si se está cansado, es la monotonía, que no contribuye a captar la atención ni a motivar a los alumnos.

El interés que el formador muestre por el tema y una correcta preparación le hará destacar los puntos clave y jugar con la entonación de una forma adecuada a lo largo de toda la exposición.

Pronunciación

Los problemas se presentan especialmente cuando se está nervioso o se habla demasiado rápido. Se debe hacer un esfuerzo por articular todas las palabras de manera limpia y clara, abriendo la boca lo suficiente para pronunciar correctamente las sílabas, consonantes y vocales.

Velocidad

Una velocidad correcta puede ayudar a resolver problemas de pronunciación y de entonación. Se debe hablar a una velocidad normal o algo superior, para facilitar el mantenimiento de la atención. No obstante, si se está nervioso, se puede hablar con mayor lentitud para facilitar la respiración y relajarse. También se debe reducir la velocidad cuando se expliquen conceptos técnicos complejos o cuando se espere alguna respuesta por parte de los alumnos.

Recuerde

Los elementos que trata la Paralingüística son:

I El volumen.
I La entonación.
I La pronunciación.
I La velocidad.

Proyección física

Existen determinados factores que, sin que la persona diga ni haga nada, transmiten información y hacen referencia a la imagen física que esta persona proyecta.

Es fundamental que el formador transmita una imagen positiva para los alumnos. Se debe cuidar el aspecto externo y los artefactos que se usen, como los adornos y prendas de vestir. La manera adecuada de vestir depende de la situación y siempre debe estar en consonancia con lo que cada colectivo de alumnos espera del formador.

Ejemplo

Sería negativo vestir pieles para impartir un curso cuyo objetivo fuese desarrollar actitudes positivas hacia la protección del medio ambiente.

En cualquier caso, se debe llevar ropa que resulte cómoda, bien cuidada y no demasiado llamativa. A los adornos y al peinado se aplican las mismas reglas que al vestido.

Importante

Un objetivo fundamental del formador es dirigir la atención de los alumnos hacia el contenido que está desarrollando, nunca hacia su persona.

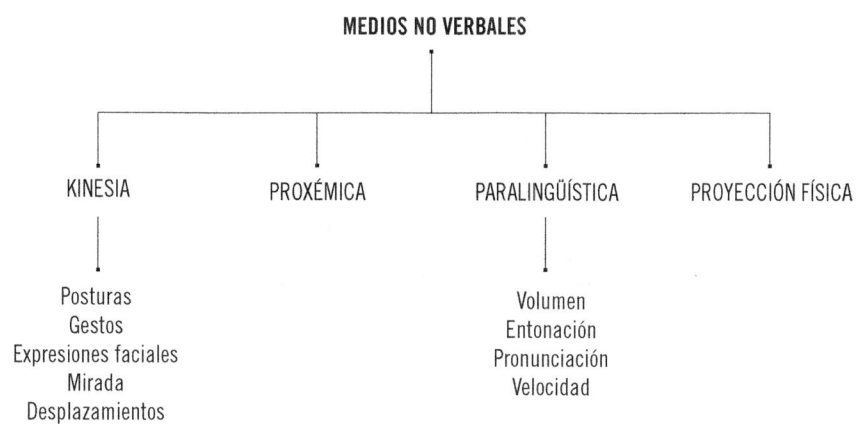

Finalmente, conviene recordar que si el formador observa atentamente la comunicación no verbal que expresan los alumnos, obtendrá una gran cantidad de información.

Hay numerosos signos no verbales que puede mostrar el alumno:

- **Atención:** posturas del cuerpo (inclinado hacia delante, hacia atrás...).
- **Necesidad de hablar:** movimientos sutiles de la boca, de la mano, etc.
- **Irritación:** movimiento de pies, manipulación de objetos sobre la mesa, etc.

- **Concentración:** tomar apuntes, mirar al docente, etc.
- **Cansancio:** cuerpo hundido, suspiros, etc.
- **Inercia:** silencios de todo el grupo, etc.
- **Desinterés:** cerrar el cuaderno, bostezar, mirar al vacío, etc.
- **Sorpresa:** levantar los brazos, abrir la boca, levantar las cejas, abrir los ojos, etc.

Si se observan estos elementos de forma atenta, se podrá obtener información sobre la comprensión del mensaje y el estado emocional de los alumnos, lo que será de gran utilidad para el formador durante el curso.

La comunicación no verbal aporta información al formador sobre los alumnos

5. Técnicas de secuenciación de contenidos

Una vez seleccionados los contenidos, hay que ordenarlos secuencialmente. La **secuenciación y estructuración de los contenidos** es el proceso que permite situarlos en una configuración que produce el máximo aprendizaje en el mínimo tiempo posible.

Algunas de las técnicas para la secuenciación de contenidos son las siguientes:

- Que los contenidos estén de acuerdo con los objetivos propuestos y con los plazos previstos para conseguirlos.

■ Empezar por los contenidos más próximos y significativos para el alumno, para llegar poco a poco a lo desconocido. De esta manera, resultará más fácil introducir los nuevos contenidos.

■ Ir de lo inmediato a lo remoto.

■ Ir de lo concreto a lo abstracto.

■ Ir de lo más fácil a lo más difícil. Esto motiva al alumnado porque le va mostrando los avances de manera rápida.

Las principales ventajas que este proceso conlleva son:

■ Ayuda al participante a pasar de un conocimiento o habilidad a otro.

■ Garantiza que los conocimientos y habilidades previas son alcanzados antes de introducir elementos nuevos.

■ Reduce el tiempo de formación.

■ Evita la confusión y los fallos en el participante.

Estos puntos son los principales aspectos a tener en cuenta cuando se realiza la presente fase de la programación de la formación, es decir, cuando se fijan los contenidos de la formación.

6. La selección y planificación de estrategias didácticas

Las personas que realizan un curso de formación son diversas, por ello es muy importante que las estrategias didácticas se adapten, de la mejor forma posible, al contexto y permitan una flexibilidad.

 Definición

Estrategias didácticas
Son procedimientos que el formador emplea para facilitar el aprendizaje, con la intención de que éste sea significativo.

Tras la selección y estructuración de contenidos, llega el momento de decidir la modalidad de formación a seguir y la metodología a utilizar en su impartición. Pero esta decisión no se puede tomar arbitrariamente, sino que ha de basarse en unos criterios. Los criterios de decisión básicos para determinar qué estrategia y qué método de formación es el adecuado, son:

- La compatibilidad con los objetivos.
- Los principios generales del aprendizaje del adulto: individualización, motivación, utilidad, practicidad, intereses, etc.
- Los principios de rigor, realismo y participación.
- El carácter eminentemente aplicativo de los aprendizajes.
- La posibilidad de transferir los aprendizajes al puesto de trabajo.
- Los recursos disponibles, incluido el tiempo.
- Los factores relacionados con los participantes, como el estilo de aprendizaje, la edad, el tamaño del grupo, la motivación, etc.

Una vez escogido el método, se observa que ninguno es químicamente puro, sino que unos participan de otros. Por lo demás, todo método puede ser adecuado o inadecuado dependiendo del modo en que sea empleado.

Los formadores deben utilizar los métodos flexiblemente, de la forma que mejor se adapten al estilo de formación, a la materia y a los alumnos, complementando cada método con la técnica y recurso didáctico más acorde.

7. La selección y planificación de medios y recursos didácticos

Para realizar cualquier acción formativa, hace falta algo más que elegir y aplicar unos métodos y unas técnicas. Son necesarios los medios y recursos didácticos, que van a ayudar a desarrollar la metodología seleccionada en el aula. Los medios y recursos didácticos permiten el trasvase de información formador-alumno.

 Definición

Medios didácticos
Son materiales elaborados para facilitar los procesos de enseñanza-aprendizaje.

Recursos didácticos
Son soportes mediante los cuales se presentan los contenidos del curso a los alumnos.

A la hora de escoger el medio o recurso a utilizar, se deben tener en cuenta los siguientes criterios:

- **Características de la materia o tema.** Dependiendo de la naturaleza de los contenidos, éstos pueden ser transmitidos por unos u otros métodos.
- **Los objetivos del curso.** Toda selección de medios y estrategias de enseñanza deben realizarse en función de éstos.
- **La disposición del aula y el número de alumnos.** Hay que tener cuidado, sobre todo en la visibilidad de alguno de los recursos, porque pueden perder eficacia.
- **Tiempo disponible para la formación.** Este elemento tiene que estar siempre presente, porque, en función del tiempo que se tenga, se elegirá lo que se adapte mejor a las necesidades.
- **Recursos disponibles,** ya que en algunas ocasiones están a nuestro alcance.
- **El uso que se haga de ellos,** cuál es la finalidad, qué es lo que se pretende y en qué momento se van a utilizar.
- **El nivel de conocimiento de los alumnos** sobre el tema.

Todos estos puntos se han de tener en cuenta a la hora de escoger un medio o recurso didáctico. La finalidad de éstos no es otra que la de fundamentar, apoyar y reforzar el acto formativo.

8. La planificación de la evaluación del proceso de enseñanza-aprendizaje

La aplicación de programas de formación lleva a la obtención de unos determinados resultados. Éstos serán los frutos de la formación y mostrarán el grado de eficacia y eficiencia con que se lleva a cabo la función formativa.

Los resultados indican el éxito de la formación mediante su contraste con los objetivos fijados anteriormente. Este procedimiento recibe el nombre de **evaluación,** proceso ampliamente conocido y con trascendencia reconocida para la formación. Según el proceso de evaluación aplicado, los resultados obtenidos serán reales y fiables, o bien, falseados.

Para que los resultados de la evaluación muestren con certeza el grado de éxito alcanzado con la formación, es necesario un requisito previo: el establecimiento de criterios de evaluación durante el proceso de planificación de la formación. Los criterios actúan como puntos de referencia, a partir de los cuales se valoran los resultados obtenidos.

Los criterios de evaluación han de fijarse con mucha atención, ya que determinan el proceso de evaluación, y éste juzga el grado de éxito de la función formativa.

El primer aspecto a tener en cuenta es la validez: los criterios de evaluación han de ser válidos en relación a los elementos del proceso formativo.

Los aspectos que determinan el grado de validez de los criterios de evaluación son:

- La relevancia.
- La no deficiencia.
- La no contaminación.
- Su fiabilidad.

El establecimiento de criterios válidos y fiables permitirá elaborar un proceso de evaluación de la formación que mida rigurosamente la eficacia y la eficiencia de la función formativa.

9. El seguimiento formativo

El seguimiento es un proceso continuo que sirve para evaluar la eficacia del uso de los recursos y para saber qué iniciativas se pueden emprender para mejorar el aprovechamiento de los recursos formativos.

El seguimiento, además de realizarse después de haber finalizado la planificación formativa, también se realiza antes de la acción.

9.1. Características

El seguimiento formativo permite evaluar los distintos componentes (desde los alumnos hasta todos los elementos que forman la programación) que intervienen en él durante todo el proceso de formación.

El seguimiento formativo se diferencia de la evaluación en que éste tiene que ver más con tareas organizativas, de coordinación, administrativas, etc.; sin embargo, la evaluación valora aspectos de los procesos de formación, como pueden ser la comunicación, el aprendizaje de los nuevos conocimientos, etc.

Con la realización adecuada de un seguimiento formativo:

- Se pueden **descubrir errores o desajustes** en el proceso de enseñanza-aprendizaje antes de que se realice la evaluación final para comprobarlos.
- Se pueden **corregir los errores** en el momento en el que se están produciendo.
- Además, **se detectan los aspectos positivos** que tienen lugar a lo largo de todo el proceso y las **posibles mejoras** que se pueden realizar.

El seguimiento formativo tiene que ser realizado por todas las personas que están implicadas en la realización de los cursos de formación (tutores, coordinadores, técnicos, etc.), por ello, el formador es una figura importante en el proceso de formación, ya que se encuentra implicado en él.

El proceso de formación debe estar planificado, pensado y planteado antes de que empiece la acción de formación, nunca debe llevarse a cabo de manera cerrada, sino que tiene que estar abierto a cualquier cambio que se considere necesario.

9.2. Finalidad

Son varias las finalidades que persigue el seguimiento formativo:

■ Ayudar a comprender por qué ocurren algunas cosas y qué se puede hacer para intervenir en ese proceso que se está llevando a cabo.
■ Identificar y solucionar los problemas que surgen a lo largo del proceso.
■ Contribuir para elaborar planes de formación de manera objetiva, sin desviarse de la finalidad éste.
■ Colaborar en la disminución y control del uso de los recursos materiales.
■ Determinar el nivel que puede alcanzar el rendimiento y relacionarlo con el rendimiento actual.
■ Diagnosticar y detectar problemas para llevar a cabo las acciones correctivas pertinentes.

9.3. Planificación

El seguimiento formativo debe planificarse antes y durante la acción formativa.

El objetivo de este seguimiento es comprobar la eficacia de la acción formativa antes de que ésta llegue a su fin, es decir, es necesario que durante este proceso todos los elementos que van a formar parte del aprendizaje estén planificados.

Los dos momentos que hay que tener en cuenta para planificar el seguimiento formativo son:

■ **Antes de la acción formativa:** es necesario conocer las necesidades, el perfil del alumno, qué materiales, instrumentos, recursos, medios didácticos se van a usar.

■ **Durante la acción formativa:** aquí el seguimiento se utiliza para comprobar los posibles errores y mejoras que se pueden llevar a cabo. Ofrece la posibilidad de poder modificar aquellas acciones o medios que dificultan el avance del aprendizaje.

10. Instrumentos para el seguimiento

A lo largo de un ciclo formativo pueden suceder errores y surgir problemas, esto abarca desde la identificación de necesidades hasta la planificación, el diseño, la implantación y la evaluación. Por todo esto, es importante saber cuál es la causa del problema y saber tomar las medidas oportunas para que no se origine nuevamente.

Para detectar el origen del problema, siempre se necesita una información determinada, ésta sólo se puede obtener mediante técnicas que ayuden a obtenerlas, es decir, que permitan recabar y analizar los datos obtenidos.

Para el seguimiento del proceso de enseñanza-aprendizaje, se pueden confeccionar diferentes tipos de instrumentos de evaluación, como pueden ser los cuestionarios y utilizar la observación directa, etc., si el tipo de formación lo permite (presencial o semipresencial). Estos instrumentos variarán según el tipo de datos que se quiera conseguir.

Un ejemplo de plantilla para recoger y analizar la información podría ser esta:

CURSO:		1º Módulo	2º Módulo	3ºMódulo
	Suficiente			
	Insuficiente			
Objetivos del módulo	Adecuado			
	Inadecuado			

Continúa en página siguiente >>

<< Viene de página anterior

CURSO:		1º Módulo	2º Módulo	3ºMódulo
Contenidos del módulo	Suficiente			
	Insuficiente			
	Adecuado			
	Inadecuado			
Metodología	Suficiente			
	Insuficiente			
	Adecuado			
	Inadecuado			
Actividades y recursos	Suficiente			
	Insuficiente			
	Adecuado			
	Inadecuado			
Recursos materiales	Suficiente			
	Insuficiente			
	Adecuado			
	Inadecuado			
Recursos humanos	Suficiente			
	Insuficiente			
	Adecuado			
	Inadecuado			
Proceso de evaluación	Suficiente			
	Insuficiente			
	Adecuado			
	Inadecuado			
Nivel de satisfacción del alumnado	Suficiente			
	Insuficiente			
	Adecuado			
	Inadecuado			

Para el seguimiento del aprendizaje, como la información que se obtiene es de diferente índole, se recogerá mediante la aplicación de las técnicas seleccionadas y elaboradas para la evaluación de cada uno de los aspectos planteados (observación directa de los trabajos, participación, cuestionarios acerca de la motivación y satisfacción del alumnado, etc.).

Por ejemplo, los contenidos que se podrían incluir en la "parrilla" de análisis son los siguientes:

CURSO		1er Módulo	2º Módulo	3er Módulo
Conceptos (comprende los contenidos conceptuales)	Con facilidad			
	Con normalidad			
	Con dificultad			
Procedimientos (aplica y desarrolla los contenidos procedimentales)	Con facilidad			
	Con normalidad			
	Con dificultad			
Actitudes (manifiesta las actitudes adecuadas a los contenidos)	Con facilidad			
	Con normalidad			
	Con dificultad			
Motivación y participación	Con facilidad			
	Con normalidad			
	Con dificultad			
Satisfacción del alumno	Con facilidad			
	Con normalidad			
	Con dificultad			

Dos de las herramientas básicas son:

- **Los diagramas de flujo:** éstos sirven para desglosar en forma de componentes, para presentar una clara imagen de lo que ocurre.
- **Los checklists:** éstos son especialmente útiles para garantizar que se han realizado todas las acciones necesarias. Es otro método de ayuda orientado a los formadores y participantes para preparar, utilizar y solucionar los problemas del equipamiento.

Otros métodos de seguimiento y control que pueden ayudar en la formación son:

- Las reuniones formales e informales.
- Pasar un informe de las sesiones, cuestionarios de satisfacción o formularios de evaluación del curso.
- Entrevistas de evaluación.

 **Recuerde**

Algunos de los instrumentos de seguimiento más utilizados son:

I Cuestionario de satisfacción
I Cuestionario de motivación
I Observación directa
I Reuniones formales e informales
I Entrevistas de evaluación

11. Metodología de la evaluación del diseño de formación

Los métodos empleados en la evaluación siempre suelen son los mismos, independientemente de que se evalúen los objetivos, los contenidos, los recursos, etc. A pesar de esto, hay que tener en cuenta que no se deben utilizar todos los métodos que se van a nombrar, sino que todo dependerá de lo que se esté evaluando.

Los métodos más frecuentes son:

- Observación sistemática.
- Observación mediante observadores externos o internos del grupo.
- Análisis de trabajo.
- Entrevistas personales.
- Situaciones de simulaciones.

- Diálogos, debates.
- Cuestionarios específicos.
- Inventarios.
- Grabaciones en vídeo.
- Etc.

11.1. Evaluación de los objetivos

Cuando se diseña el programa formativo, se deben concretar los objetivos que serán objeto de evaluación al finalizar el curso, para comprobar si éstos se han alcanzado o no.

Los objetivos marcan aquellos aspectos claves que debe adquirir el alumno para alcanzar unas competencias determinadas. Éstos determinarán lo que el alumno será capaz de saber y saber hacer al acabar el curso, en unas condiciones dadas y con unos medios determinados.

Si, al finalizar el curso, se observa que los objetivos no se han cumplido en su totalidad, hay que analizar cuál ha sido la causa de este error y corregirlos. Si se han cumplido los objetivos, habrá que determinar los motivos de éxito, para volver a ponerlos en práctica en futuros cursos.

Los objetivos marcados al inicio de la formación sirven para:

- Dirigir la formación, es decir, saber hacia dónde se quiere llegar con ésta.
- Comprobar qué se ha logrado.
- Facilitar la evaluación, ya que se sabe cuáles son los objetivos que hay que evaluar.
- Reorientar la formación en el mismo momento que se está realizando.
- Elegir los métodos más adecuados para la formación.

La evaluación de los objetivos debe medirse atendiendo a:

- **Objetivos generales:** son utilizados para saber cuáles son las competencias generales.
- **Objetivos específicos:** parten de los objetivos generales.

■ **Objetivos operativos:** son derivados de los específicos. Son objetivos más concretos y siempre deben estar relacionados con actividades u operaciones determinadas. Son los más fáciles de medir.

Ejemplo

Objetivos específicos para evaluar un curso de primeros auxilios:

▐ Aprender los conceptos básicos y generales de los primeros auxilios.
▐ Adquirir las habilidades y aplicar los principios de actuación para poder reaccionar adecuadamente en situaciones de urgencia.
▐ Conocer los aspectos jurídicos relacionados.

11.2. Evaluación de los contenidos

La evaluación de los contenidos se realizará para comprobar si los objetivos que se habían marcado al principio de la formación se han logrado, así como para eliminar aquellos contenidos que no aportan nada al curso.

Se debe tener siempre en cuenta que se puede lograr un mismo objetivo de formación utilizando diversos contenidos.

Para evaluar los contenidos, hay que comprobar si se ha seguido una secuencia lógica a la hora de impartirlos. Esta secuencia permite que los contenidos sean adquiridos por los alumnos de una manera más significativa, es decir, facilita el aprendizaje de los mismos.

Para que la evaluación de los contenidos resulte positiva, éstos deben ir expuestos:

■ De acuerdo con los objetivos propuestos y con los plazos previstos para conseguirlos.
■ De lo conocido a lo desconocido.

- De lo inmediato a lo remoto.
- De lo concreto a lo abstracto.
- De lo fácil a lo difícil.

Otro aspecto a tener en cuenta para que la evaluación de los contenidos sea positiva, es que éstos se deben estructurar adecuadamente, por ejemplo, mediante módulos, unidades didácticas, etc. Éstas tienen que abarcar los conocimientos, las habilidades y las actitudes que capacitan al alumno para poner en práctica las funciones que desempeñará en su puesto de trabajo. Por lo general, se pueden constituir equivalencias entre objetivos generales y cursos, objetivos específicos y módulos, unidades didácticas, etc. así como entre objetivos operativos y sesión formativa,.

 Ejemplo

Siguiendo el ejemplo anterior de primeros auxilios, los contenidos que se evaluarán para comprobar si se han logrado o no los objetivos anteriormente propuestos, son:

I Primeros auxilios: conceptos generales.
I Soporte vital básico (reanimación cardio-pulmonar)-adultos.
I Soporte vital básico-niños.
I Soporte vital instrumental.
I Traumatismos osteoarticulares. Inmovilizaciones (vendajes y férulas improvisadas).
I Movilización de urgencia y posiciones de espera.
I Traumatismos craneales y vertebro-medulares.
I Otras situaciones de emergencia.

11.3. Evaluación de la metodología

La evaluación de la metodología consiste en comprobar que los métodos que se han utilizado son los adecuados para lograr los objetivos formativos, aunque éstos deben ser flexibles a la hora de utilizarlos, ya que deben adaptarse a la materia tratada, a los alumnos, a los recursos disponibles, etc.

Para conseguir que la evaluación de la metodología sea positiva, se deben tener en cuenta las características que se emplean para definir un método. Éstas pueden ser:

- Presentar y mostrar la problemática del tema para que, a través de la reflexión y el esfuerzo, el alumno pueda resolverla.
- Respetar tanto la libertad de expresión como de creación.
- Las actividades que están destinadas al alumno tienen que ser dirigidas por el formador para que el alumno reflexione y participe.
- Motivar al alumno, relacionando los temas con sus intereses, motivaciones y necesidades.
- Organizar los nuevos aprendizajes para que se integren con los ya adquiridos.
- Tener en cuenta las limitaciones y las posibilidades que tiene cada alumno.
- Dar lugar a la acción individualizada a través de tareas que requieran planteamientos y acciones individualizadas.

11.4. Evaluación de actividades y recursos

Las **actividades** son unos elementos que acompañan a los contenidos formativos, ya que éstas refuerzan los contenidos que son expuestos por el formador. Siempre debe existir coordinación entre ambos, para esto se deben seleccionar adecuadamente tanto los métodos como las técnicas.

Para evaluar las diversas actividades que se han desarrollado, hay que formular una serie de preguntas para saber si las actividades han sido eficaces o han fallado en su ejecución. Algunas de estas preguntas pueden ser:

- ¿Qué ha hecho el alumno?
- ¿Ha sabido aplicar los conocimientos necesarios para lograr resolver las actividades?
- ¿Valora y comprende la finalidad de la actividad?
- ¿Ha mostrado interés en la realización de la misma?
- ¿Qué ha aprendido?
- ¿Han sido válidas las actividades?

- ¿Cuáles han fallado? ¿Por qué?
- ¿Se han alcanzado los objetivos?
- Etc.

Junto con las actividades, los recursos también tienen que ser evaluados, ya que de ellos va a depender en cierta manera la eficacia de las actividades. Por eso, en la evaluación de los recursos hay que tener en cuenta la eficacia de aquellos que se han utilizado y cuáles son los que se hubieran necesitado para desarrollar el curso.

Se pueden distinguir varios criterios para evaluar la eficacia de los recursos:

- Su calidad, porque actúa como mediador entre la realidad y la estructura cognitiva del alumno.
- El contexto metodológico, ya que todo va a depender de la metodología usada por el formador.
- Los propios alumnos, sus motivaciones, intereses, etc.
- La experiencia del formador en el manejo de los diversos recursos, sus habilidades, etc.

También es necesario tener en cuenta qué evaluar de los recursos:

- La rentabilidad de éstos.
- El aprovechamiento para distintas finalidades.
- El mantenimiento.
- La actualización, deben adaptarse a las nuevas tecnologías.
- La adecuación al proceso de enseñanza-aprendizaje.
- Posibilitar la acción, estimular y responder a las curiosidades presentes en el alumnado.

11.5. Evaluación del formador

La figura del formador es muy importante a lo largo de todo el proceso formativo, ya que, en cierta manera, el éxito o el fracaso de la formación recae sobre él, por lo tanto, es imprescindible conocer previamente a la persona que va a impartir un curso.

El formador es el mediador entre los contenidos y los alumnos, por lo que debe evaluarse de forma continua y a lo largo de todo el proceso de enseñanza-aprendizaje, así como al final del proceso, momento en que se comprobará si los métodos y estrategias que ha diseñado y utilizado han sido los adecuados, introduciendo posibles modificaciones para las prácticas futuras.

La evaluación del formador se puede realizar desde varias vertientes, en cada una de ellas se evalúan aspectos diferentes, pero todas persiguen el mismo fin, que es fomentar la calidad de la formación.

Evaluación realizada por los alumnos

Los alumnos pueden evaluar aspectos como la relación del formador con los alumnos, la organización de las sesiones, el control de clase, la efectividad de la enseñanza, etc.

En la siguiente tabla se muestra un cuestionario a modo de ejemplo:

Marque la opción que más se adecúe a las características que prevalecieron a lo largo del curso

1. Las oportunidades que tuve para realizar preguntas en clase fueron:
   a. Frecuentes
   b. Regulares
   c. Escasas
   d. Muy escasas

2. El interés que mostró el formador respecto a los alumnos fue:
   a. Satisfactorio
   b. Regular
   c. Poco
   d. Muy pobre

3. El clima existente en el aula fue:
   a. Bueno
   b. Regular
   c. Tenso
   d. Malo

Continúa en página siguiente >>

<< Viene de página anterior

**Marque la opción que más se adecúe a las características
que prevalecieron a lo largo del curso**

4. En la prueba final se evaluaban los contenidos dados a lo largo del curso:
   a. Sí
   b. No

5. El material presentado en el curso fue:
   a. Original
   b. Poco original
   c. Nada original

6. Las actividades que realicé para asimilar los contenidos fueron:
   a. Útiles
   b. Regulares
   c. Pobres
   d. Inútiles

7. El contenido marcado para el curso se expuso en su totalidad:
   a. Sí
   b. No

8. El grupo de alumnos afectó a mi aprendizaje:
   a. De manera positiva
   b. De manera negativa
   c. No me afectó

9. El material audiovisual me pareció:
   a. Atractivo
   b. Regular
   c. Inadecuado

10. Los procesos, problemas y soluciones experimentados en el trabajo en grupo fueron:
    a. Bien planteados
    b. Regular planteados
    c. Mal planteados

11. Las exposiciones por parte del docente me parecieron:
    a. Buenas
    b. Regulares
    c. Malas

Continúa en página siguiente >>

<< Viene de página anterior

Marque la opción que más se adecúe a las características que prevalecieron a lo largo del curso

12. La actuación del profesor durante el curso evidenció:
    a. Un elevado conocimiento de la materia
    b. Un mediano conocimiento
    c. Un escaso conocimiento

13. El profesor supo controlar las conductas perturbadoras sucedidas a lo largo del curso de forma:
    a. Eficaz
    b. Regular
    c. Ineficaz

14. El ritmo que siguió el profesor al exponer los contenidos me pareció:
    a. Muy bueno
    b. Satisfactorio
    c. Monótono

15. La secuencia de presentación de los contenidos del curso fue:
    a. Lógica
    b. Regular
    c. Arbitraria

16. La actuación del profesor despertó interés y motivación:
    a. Muchas veces
    b. Algunas veces
    c. Pocas veces
    d. Ninguna vez

Evaluación realizada por el propio formador

En esta evaluación, el formador va a evaluar la preparación del curso, el desarrollo del mismo, y también realizará una evaluación propia de su actuación como formador.

En la siguiente tabla se muestra un cuestionario a modo de ejemplo:

Marque la opción que más se adecúe a las características que prevalecieron a lo largo del curso

A. PREPARACIÓN DEL CURSO

1. ¿Cómo ha sido el tiempo con el que ha contado?
   a. Suficiente
   b. Insuficiente

¿Por qué? _____

2. ¿Cómo considera la distribución de las sesiones del curso?
   a. Adecuadas
   b. Inadecuadas

¿Por qué? _____

3. ¿Ha dispuesto de las guías didácticas del curso?
   a. Sí
   b. No

¿Por qué? _____

4. ¿Ha dispuesto de los recursos necesarios para la preparación de sus sesiones?
   a. Sí
   b. No

¿Cuáles le han hecho falta? _____

5. Teniendo en cuenta su nivel de formación, ¿ha necesitado apoyo por parte de la dirección del curso?
   a. Sí
   b. No

¿Cómo ha sido el apoyo? _____

B. DESARROLLO DEL CURSO

6. ¿El desarrollo de las sesiones (distribución y tiempo) se ha correspondido con la planificación prevista?
   a. Sí
   b. No

7. ¿La metodología utilizada para el desarrollo de las sesiones ha propiciado la participación e implicación del alumnado?
   a. Sí
   b. No

¿Por qué? _____

Continúa en página siguiente >>

<< Viene de página anterior

Marque la opción que más se adecúe a las características que prevalecieron a lo largo de curso

---

8. ¿Considera que el clima del curso ha sido el adecuado?
   a. Sí
   b. No

   ¿Por qué? _____

9. ¿El contexto donde se ha desarrollado el curso ha sido adecuado y oportuno?
   a. Sí
   b. No

   ¿Por qué? _____

10. ¿Ha conseguido los objetivos propuestos?
   a. Sí
   b. No

   ¿Por qué? _____

C. AUTOEVALUACIÓN

---

11. Evalúe de 1 a 4 los siguientes apartados relacionados con su intervención como formador, donde:

   1. Considero imprescindible mejorar mi formación en este aspecto.
   2. Considero necesario mejorar mi formación en este aspecto.
   3. Cuento con recursos necesarios para el desarrollo ajustado del curso, pero podría encontrar dificultades si éste cambia el rumbo prefijado.
   4. Mi formación al respecto es adecuada y dispongo de recursos suficientes para el desarrollo óptimo del curso.

	1	2	3	4
Dominio de los contenidos				
Metodología/didáctica empleada				
Comunicación con el alumnado				
Trabajo en equipo				

D. AMPLIACIÓN

Puede anotar a continuación cualquier aportación que desee realizar y no haya sido considerada en este cuestionario.

_____

_____

11.6. Tipos de evaluación

Existen diferentes tipos de evaluación, cada una se aplicará atendiendo a diferentes criterios.

Según su finalidad o función de la evaluación

Diagnóstica

Esta evaluación, como su nombre indica, tiene un carácter diagnóstico, ya que permite que se conozcan las potencialidades del alumno. De esta manera, la actividad didáctica se dirige de forma más efectiva.

Formativa

Se utiliza como estrategia para mejorar y ajustar los procesos formativos en el momento que se están llevando a cabo, para alcanzar las metas y los objetivos marcados. La evaluación formativa es aplicable a la evaluación de procesos.

Sumativa

Se aplica a la evaluación de productos terminados, es decir, se sitúa concretamente cuando finaliza un proceso, cuando éste se considera acabado. Su propósito es determinar el grado en que se han conseguido los objetivos establecidos, para evaluar de forma positiva o negativa el resultado. Esta evaluación permite tomar medidas tanto a medio como a largo plazo.

Según el momento de aplicación de la evaluación

Inicial

Se produce al principio del proceso de enseñanza-aprendizaje. La función que tiene la evaluación inicial es identificar el nivel de conocimientos que tienen los alumnos que inician un curso y, de esta manera, comprobar si los alumnos cuentan con los conocimientos necesarios para comenzarlo, y determinar si es posible impartirlo de acuerdo al programa formativo o si se requiere alguna modificación.

Procesual

La evaluación procesual se basa en valorar, de forma continua, el aprendizaje de los alumnos y la enseñanza del profesor, a través de la recogida sistemática de datos, toma de decisiones, etc.

La evaluación procesual es totalmente formativa, ya que, al favorecer la recogida continua de datos, permite tomar decisiones en el mismo momento que se considere necesario.

Los resultados que se obtienen forman la base permanente para el formador a la hora de programar las actividades diarias, así como para establecer las actividades y los procedimientos más apropiados. De esta manera, se evitan las dificultades que se puedan producir en los aprendizajes que se están llevando a cabo. La finalidad de todo esto es evitar errores y vacíos en los aprendizajes posteriores.

Final

La evaluación final es aquella que se realiza al finalizar la formación, por lo tanto ésta recoge y valora los resultados obtenidos a lo largo de un periodo formativo.

Según su extensión

Global

Tiene en cuenta todos los elementos y procesos que guardan relación con todo lo que es objeto de evaluación. Por ejemplo, si se trata de evaluar el proceso de aprendizaje de los alumnos, esta evaluación se centra en todas las áreas en general, pero sobre todo en los diversos tipos de contenidos de enseñanza (conceptos, procedimientos, valores, normas, etc.).

Parcial

Esta evaluación no se realiza de manera global, sino que se lleva a cabo por partes, es decir, evalúa los componentes que más interesan.

Según los agentes que realizan la evaluación

Autoevaluación o evaluación interna

Es el proceso sistemático mediante el cual una persona o grupo examina y valora sus procedimientos, comportamientos y resultados, para identificar qué quiere corregir o modificar en él. La evaluación interna muestra que los alumnos están más motivados a la hora de realizar una tarea difícil. La puesta en práctica de la autoevaluación no conlleva que el profesorado abandone sus funciones, sino que implica una concepción diferente de la enseñanza.

La autoevaluación ofrece al estudiante ayuda para descubrir sus necesidades, cantidad y calidad de su aprendizaje, causas de sus problemas, dificultades y éxitos en el estudio. De esta manera, el alumno puede conocerse de manera más concreta.

Heteroevaluación o evaluación externa

La evaluación externa es realizada o llevada a cabo por otra persona que no es el protagonista del aprendizaje. En esta evaluación, lo más frecuente es que el profesor evalúe al alumno.

TIPOS DE EVALUACIÓN	
Según su finalidad o función	- Diagnóstica - Formativa - Sumativa

Continúa en página siguiente >>

<< Viene de página anterior

TIPOS DE EVALUACIÓN	
Según su momento de aplicación	- Inicial - Procesual - Final
Según su extensión	- Global - Parcial
Según los agentes que la realizan	- Autoevaluación o evaluación interna - Heteroevaluación o evaluación externa

Solucionarios de ejercicios de repaso y autoevaluación

Contenido

Solucionario 1
Organización del servicio de pisos en alojamientos

Solucionario Capítulo 1

1. **Complete el siguiente texto:**

El modelo de organización lineal se trata del modelo de organización más **tradicional.** En él, toda la responsabilidad de un departamento descansa en el **jefe,** quien da órdenes directas al personal que compone su área. Es el modelo más utilizado en empresas de **pequeño** tamaño, por ejemplo, **un hostal familiar,** ya que las funciones son menos complejas que en un establecimiento de **mayores** dimensiones.

2. **Relacione los siguientes pasos sobre la limpieza de los baños.**

    a. Verificar el funcionamiento de...
    b. Hay que retirar...
    c. Después se fregarán el bidé y el inodoro,...
    d. La última pieza en limpiarse será...
    e. Una vez realizado lo anterior,...
    f. Se colocarán las toallas, dobladas perfectamente...
    g. Por último...

    d. ... el lavabo.
    g. ... se ambientará el baño y fregará el suelo.
    b. ... los vasos.
    f. ... y con el logo del alojamiento bien visible.
    e. ... se repone el papel higiénico.
    a. ... las luces y grifería.
    c. ... sin olvidarse de las baldosas.

3. **¿Qué factores hay que tener en cuenta para poder realizar la planificación de un trabajo?**

    a. Los objetivos que se pretenden alcanzar, las estrategias que se van a llevar a cabo para alcanzar esos objetivos y las políticas de la empresa o departamento.
    b. El presupuesto del que se pueda disponer y el control de la planificación.
    c. La experiencia de los empleados.
    d. Las opciones a y b son correctas.

4. ¿Qué parámetros se deben conocer para calcular el tiempo de una actividad?

    a. Tiempo tipo, suplemento, tiempo normal, tiempo ambiental.

    b. Actividad, tiempo resultante, tiempo ambiental, tiempo cronometrado.

    c. Tiempo cronometrado, actividad, tiempo resultante, tiempo normal, suplemento, tiempo tipo.

    d. Tiempo cronometrado, actividad, tiempo resultante, tiempo normal, tamaño de la habitación.

5. ¿Cuáles de los siguientes son datos que va a requerir la gobernanta al departamento de recepción?

    a. Listado de llegada de clientes.

    b. Nacionalidad de las personas hospedadas.

    c. Listado de salida de clientes.

    d. Listado de clientes que continúan en el alojamiento.

    e. Listado de clientes de habla inglesa.

    f. Listado de cambios de habitación.

    g. Listados de eventos, reuniones o celebraciones que se llevarán a cabo en los salones.

6. Complete las siguientes oraciones.

Hay que tener en cuenta una serie de aspectos laborales a la hora de realizar las estimaciones de personal, como son:

    a. Cada trabajador/a puede disponer de una jornada laboral de **40** h semanales.

    b. De la jornada de 8 horas diarias, hay que deducir **30** min de descanso.

    c. Habrá que dar **2** días de descanso semanal.

    d. Corresponden **30** de vacaciones por año trabajado.

7. Para confeccionar horarios y turnos de trabajo, es recomendable...

    a. ... evitar que el personal tenga una jornada variada.

    b. ... que el personal tenga una jornada variada.

    c. ... que sea el personal subordinado quien organice los horarios y turnos.

    d. Todas las opciones son incorrectas.

8. Una las siguientes oraciones:

    a. La organización de las tareas...
    b. Es competencia de la gobernanta o gobernante...
    c. Se debe tener en cuenta...
    d. La gobernanta debe atender peticiones como...
    e. Después de esto, se reorganizará la jornada como estaba prevista...

        c. ... que en los alojamientos se producen una serie de situaciones inesperadas.
        d. ... cambios de habitaciones de última hora.
        b. ... esta distribución de tareas.
        e. ... o sufriendo los cambios inesperados.
        a. ... puede variar dependiendo del establecimiento y sus características.

9. Complete las siguientes oraciones.

    a. Para un objeto olvidado existirá un modelo de documento donde se anotarán la **descripción** de dicho objeto, persona que lo encontró, **fecha** y **hora** y la puesta a disposición del **responsable** del departamento.
    b. Para una avería, se dará notificación a **la/el gobernanta/e** por parte del personal que la ha identificado, y esta hará otro parte informativo de avería con los datos más **importantes,** para pasarlo al departamento de **mantenimiento,** y que este se encargue de su solución.

10. Escriba cuatro zonas de alto riesgo, cuatro de medio riesgo y dos de menor riesgo.

Zonas de alto riesgo: quirófanos, la UCI (unidad de cuidados intensivos), la zona de esterilización y el área de hemodiálisis.

Zonas de medio riesgo: las unidades de hospitalización o enfermería, urología, consultas externas, zonas de radioterapia y medicina nuclear.

Zonas de menor riesgo: departamentos de dirección y administración, la farmacia, la lavandería y los pasillos.

Solucionario Capítulo 2

1. **Enumere al menos cuatro listados de información que el departamento de pisos va a necesitar del departamento de recepción.**

   ▌ Listado de llegadas previstas de clientes.
   ▌ Listado de salidas previstas de clientes.
   ▌ Listado de habitaciones ocupadas.
   ▌ Listado de llegadas de clientes VIP.
   ▌ Número de personas que ocupan cada habitación.
   ▌ Salidas imprevistas de clientes que marchan antes de lo fijado.
   ▌ Cambios de habitación por deseo del cliente o problemas internos del alojamiento, por ejemplo, una avería.
   ▌ Listado de las salidas que estaban previstas pero no se han realizado.
   ▌ Listado de los clientes que estaba previsto entrasen, pero no han llegado.
   ▌ Listado de los clientes que van a realizar su salida más tarde de lo estipulado.

2. **Si un empleado del departamento de pisos encuentra una avería en una habitación, ¿cómo debe proceder?**

   Debe rellenar el parte de notificación de avería y ponerlo en común con la gobernanta o el gobernante, para que sea esta persona quien se ponga en contacto con el departamento de mantenimiento y este lo solucione.

3. **Algunos de los equipos informáticos para la gestión del departamento de pisos que se han estudiado son:**

   a. *Calc, Power Point y Access.*
   b. ***Calc o Excel, Base o Access y Fidelio Opera.***
   c. *Excel, Fidelio Opera y Gobernant's.*
   d. Todas las opciones son incorrectas.

4. **Haga una lista donde enumere las ventajas e inconvenientes de contar con progra-mas informáticos para la gestión del departamento de pisos.**

   ▌ Ventajas: rapidez en la transmisión de información, ahorro de papel, acortar distancias, etc.
   ▌ Inconvenientes: puede haber personal al que le cueste trabajar con las nuevas tecnologías.

5. **Cite al menos cinco elementos que formen parte de los equipos de oficina del depar-tamento de pisos.**

   Teléfono, impresora, formularios, *rack* de habitaciones, material consumible de oficina, ordenador, ficheros, tablero-*planning* de actividades, manuales de uso de maquinaria y herramientas.

6. **Relacione cada documento con su función:**

   a. Documento de repaso de habitaciones.
   b. Notificación de avería.
   c. Parte de turnos.
   d. Hoja de control del personal de limpieza de habitaciones.
   e. Parte de objetos olvidados.
   f. Revisión de habitaciones.

   e. Es un documento cumplimentado por la persona que encuentra un objeto, y se le entrega a la/el gobernanta/e, para que lo notifique a recepción.
   f. Es el documento que la persona responsable del departamento de pisos realiza cuando lleva a cabo revisiones aleatorias de la limpieza de habitaciones.
   a. Se trata de un documento que la gobernanta o el gobernante cumpli-mentan periódicamente cuando hacen un inventario del estado de todos los elementos de la habitación.
   b. Va destinado al departamento de mantenimiento para que arregle un desperfecto.
   d. Sirve para que cada empleado del departamento conozca lo que debe realizar en su jornada y verifique que lo realiza y que la situación de la habitación es la correcta.
   c. Se trata de un *planning* semanal o mensual donde se organizan los turnos de trabajo del personal del departamento.

7. ¿Qué información recoge una hoja de control de personal de lavandería?

    a. **Las entradas y salidas de ropa sucia y limpia en el departamento.**
    b. Los horarios de trabajo del personal de lavandería.
    c. La descripción de las actividades del personal de lavandería.
    d. Todas las opciones son incorrectas.

8. Rellene los cuadros de enunciado (sombreados) de la siguiente tabla con la información básica que debe aparecer en una hoja de control de las habitaciones:

HOTEL ...	HOJA DE CONTROL LIMPIEZA DE HABITACIONES		NOMBRE DEL EMPLEADO	
Piso ...	**Fecha** ...		**Turno** De ... a ...	
HABITACIÓN	HORA	SITUACIÓN PREVISTA	SITUACIÓN VERIFICADA	RETIRADA DE ROPA	OBSERVACIONES
FIRMA EMPLEADO DE LIMPIEZA DE HABITACIONES					

9. **Determine si los siguientes enunciados son verdaderos o falsos:**

   a. El parte de turnos es realizado por el personal del departamento de pisos, según su disponibilidad de trabajo.

      ☐ Verdadero
      ☑ **Falso**

   b. La hoja de control de las habitaciones la realiza la gobernanta o el gobernante, teniendo en cuenta la información que recepción le proporciona sobre el estado de habitaciones, y la termina de cumplimentar el personal de limpieza según las vaya realizando.

      ☑ **Verdadero**
      ☐ Falso

   c. El repaso de habitaciones es una inspección periódica que la persona responsable del departamento de pisos realiza sobre los elementos e instalaciones para detectar posibles desperfectos.

      ☑ **Verdadero**
      ☐ Falso

10. **¿En qué casos se le notifica al departamento de pisos de un hospital que debe realizarse una limpieza más exhaustiva y desinfección profunda de una habitación? ¿Cómo debe proceder el personal de limpieza para llevar a cabo la tarea?**

Cuando en esa habitación ha habido un paciente con una enfermedad altamente infecciosa o cuando ha muerto.

La persona del departamento de alojamiento notifica al personal de limpieza de habitaciones que en esa habitación concreta debe realizarse una limpieza especial, y se muestra un documento explicativo en la puerta mientras la habitación esté bloqueada. Cuando se desinfecta, se notifica por parte del personal de limpieza al departamento de alojamiento que la habitación vuelve a estar disponible.

Solucionario Capítulo 3

1. ¿Cuál es la maquinaria más común en el área de lavandería?

   Lavadoras, secadoras, calandras o planchadoras y dobladoras.

2. ¿Cuáles de las siguientes herramientas se encuentran dentro de la lavandería-lencería?

   a. **Carro de ropa sucia.**
   b. Carro de personal de limpieza de habitaciones.
   c. Mojador.
   d. **Pilas o fregaderos para lavar prendas a mano.**
   e. **Báscula.**
   f. **Pesebre.**
   g. Rotativa.

3. Algunos de los aspectos a tener en cuenta para la ubicación de los *offices* del departamento de pisos son:

   a. La temperatura, humedad y ventilación.
   b. Que sea una zona interna, con facilidad de comunicación con el exterior.
   c. Que esté en una zona segura, para evitar robos.
   d. **Todas las opciones son correctas.**

4. Determine si el siguiente enunciado es verdadero o falso:

   a. Las calandras son unas máquinas que planchan y secan la ropa plana, como sábanas y manteles.

      ☑ **Verdadero**
      ☐ Falso

5. Complete el siguiente texto:

    a. Para planificar la **ubicación** de todo el material y maquinaria del departamento de pisos es necesario conocer una serie de medidas básicas de **eficiencia** y de **prevención de riesgos.**

    b. Así, necesitará tener en cuenta qué maquinaria y útiles se utilizan **diariamente,** y cuáles se usan de forma **eventual.** De esta forma, los que se utilicen **diariamente** se colocarán en lugares más **accesibles,** mientras que los **eventuales** pueden almacenarse en zonas de **menos** tránsito.

6. Relacione cada dibujo del área de lavandería con el modelo de distribución que podría tener la maquinaria:

    a. Distribución en "I"

    b. Distribución en "L"

    c. Distribución en "U"

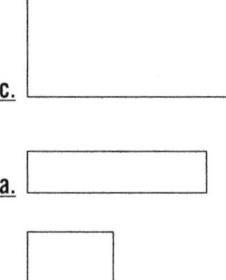

c.

a.

b.

7. ¿Cómo se llama el sistema interno para el traslado de mercancías y personal sin utilizar el ascensor de los clientes?

El montacargas.

8. En alojamientos no turísticos de pequeñas dimensiones, la lavandería se está orga-
nizando de la siguiente forma:

   a. **Externalizando el servicio y realizándose por otras empresas.**
   b. Poniendo lavadoras en todas las habitaciones.
   c. Instalando lavanderías industriales en cada planta.
   d. Todas las opciones son incorrectas.

9. ¿En qué plantas se ubica la lavandería en hospitales y clínicas? ¿Y los offices de
limpieza?

   La lavandería en el sótano o plantas más bajas; y los offices de limpieza en cada planta.

10. Busque en la siguiente sopa de letras tres instalaciones que debe haber en los
offices de pisos:

V	S	H	J	P	A	S	S	T	N
E	L	U	H	J	I	D	G	U	T
R	B	V	R	C	U	N	H	F	V
T	I	T	E	L	E	F	O	N	O
E	L	K	O	O	J	G	C	N	T
D	S	E	I	L	Y	U	O	P	V
E	G	B	I	D	V	L	P	Ñ	E
R	O	F	X	S	E	A	P	J	O
O	C	W	E	S	H	U	K	O	L

Solucionario Capítulo 4

1. **Determine si las siguientes oraciones son verdaderas o falsas.**

   a. La lencería es una de las dotaciones que menos espacio ocupa en el *office*.

   ☐ Verdadero
   ☑ **Falso**

   b. Dentro de la lencería se cuenta tanto la ropa de cama como la ropa de baño.

   ☑ **Verdadero**
   ☐ Falso

   c. Las perchas no forman parte de las dotaciones del departamento de pisos.

   ☐ Verdadero
   ☑ **Falso**

   d. Forman parte de las dotaciones del departamento de pisos las camas supletorias y cunas.

   ☑ **Verdadero**
   ☐ Falso

   e. Ningún tipo de establecimiento cambia a diario la lencería.

   ☐ Verdadero
   ☑ **Falso**

   f. El lomo de la lencería debe quedar para afuera cuando esté almacenada.

   ☑ **Verdadero**
   ☐ Falso

   g. Dentro de los *amenities* se pueden encontrar zapatillas de tela.

   ☑ **Verdadero**
   ☐ Falso

2. **¿Cuáles son los tipos de almacenamiento que se deben atender?**

    a. En estanterías; libre.
    b. Únicamente por estibado.
    c. Por apilamiento; por estibado; libre.
    d. **Por apilamiento, formando un bloque; por estibado; en estanterías.**

3. **Clasifique las siguientes existencias en ropa de cama o de baño: forro o muletón de matrimonio, albornoz, zapatillas, alfombra para el baño, sábanas encimeras 2×2, fundas de almohada, toallas de bidé, sábanas bajeras 2×2.**

    ▮ Material de cama: forro o muletón de matrimonio, sábanas encimeras 2×2, fundas de almohada y sábanas bajeras 2×2.
    ▮ Material de baño: albornoz, zapatillas, alfombra para baño y toallas de bidé.

4. **Defina los siguientes puntos:**

    a. Material inventariable: **hace referencia a la ropa de cama y la ropa de baño. Su aprovisionamiento va a depender de la vida útil de la ropa. Este material tiene una duración indefinida, y se necesitará renovar en función del uso que se le dé.**
    b. Material no inventariable o consumible: **se trata del material consumible que va a permanecer en el alojamiento un corto periodo de tiempo, menor al año.**

5. **¿Qué puntos de información más relevantes se solicitan a un proveedor?**

    a. Únicamente las características técnicas de los productos.
    b. Únicamente las características técnicas de los productos y el precio.
    c. Las características técnicas de los productos; condiciones de venta; precio por productos; precios por altos volúmenes de compra; descuentos y ofertas, transporte de mercancías; localización de la empresa distribuidora.
    d. **Las características técnicas de los productos; condiciones de venta; precio por productos; precios por altos volúmenes de compra; descuentos y ofertas, transporte de mercancías; el servicio posventa.**

6. **Enumere y defina los diferentes tipos de *stock* que pueden encontrarse en un almacén.**

  ▪ *Stock* normal: es la cantidad de existencias que hay normalmente en un *office,* para el funcionamiento diario.
  ▪ *Stock* de seguridad: es esa parte del *stock* que se incrementa al normal, para garantizar las existencias en situaciones de emergencia o imprevistos.
  ▪ *Stock* máximo: es la cantidad máxima de productos almacenados. Hay que tener en cuenta la capacidad del almacén y las características propias de los productos.
  ▪ *Stock* mínimo: es la cantidad mínima de existencias, y marca el límite más bajo. Si se sobrepasa ese límite, es posible que el departamento empiece a funcionar mal, ya que no tiene el material necesario.

7. **Complete el siguiente texto:**

Los aspectos que toda persona encargada del **aprovisionamiento** debe tener en cuenta son los siguientes:

  a. Qué cantidades **mínimas** van a estar almacenadas, para evitar que, en caso de **contratiempo o emergencia,** el departamento se quede **desprovisto** de material.
  b. Qué cantidades **máximas** se almacenarán, dependiendo del **espacio** del *office,* las **peculiaridades** de cada producto (caducidad, por ejemplo) y los **beneficios e intereses** del departamento (como **descuentos** por pedidos grandes).

8. **¿Qué datos deben aparecer en una solicitud de compra?**

  ▪ Los materiales que se solicitan y sus estándares.
  ▪ La cantidad.
  ▪ El precio (individual del producto o material y el importe total).
  ▪ Tiempo de entrega.
  ▪ Datos del alojamiento que lo solicita.
  ▪ Datos del proveedor que suministra.
  ▪ Firma del solicitante y fecha.

9. ¿Cuáles son los instrumentos más comunes para llevar a cabo el control de las materias dentro del alojamiento?

    a. Únicamente el vale de pedido.

    b. Únicamente la ficha de producto o artículo.

    c. El vale de pedido; ficha de producto o artículo; resumen de entradas y salidas diario.

    d. Las opciones a y b son correctas.

10. Cite los aspectos más importantes a tener en cuenta al almacenar las existencias.

- Se agruparán por familias o códigos de modo que sea fácil identificarlos rápidamente.
- Se tendrá en cuenta el tipo de envasado y volumen, para ponerlos en lugares accesibles.
- Es necesario conocer los requisitos legales en cuanto a seguridad y peligros de las etiquetas y manuales, para evitar riesgos.

Solucionario Capítulo 5

1. **Complete el siguiente texto:**

El objetivo principal del departamento de **mantenimiento** es **controlar** todo el inmueble e **instalaciones** para evitar los posibles **riesgos** derivados de averías o fallos, así como **corregir** los desperfectos que presente cualquier elemento del alojamiento.

2. **¿Cuáles son funciones del departamento de mantenimiento?**

   a. Únicamente establecer un plan periódico de actividades y revisiones de mantenimiento en las instalaciones.
   b. Únicamente conocer la legislación y exigencias en materia de mantenimiento y prevención.
   c. Llevar a cabo la limpieza y puesta a punto tanto de zonas comunes o nobles como de habitaciones de clientes.
   d. **Establecer un plan periódico de actividades y revisiones de mantenimiento en las instalaciones; conocer la legislación y exigencias en materia de mantenimiento y prevención; programar y controlar las distintas revisiones que empresas especializadas deban llevar a cabo dentro del alojamiento.**

3. **Determine si las siguientes oraciones son verdaderas o falsas:**

   a. El departamento de mantenimiento nunca pasa desapercibido.

      ☐ Verdadero
      ☑ **Falso**

   b. Aunque cuente con personal propio de mantenimiento, el establecimiento puede subcontratar empresas especializadas.

      ☑ **Verdadero**
      ☐ Falso

c. El departamento de mantenimiento no debe dividir sus tareas dependiendo del origen.

    ☐ Verdadero
    ☑ **Falso**

d. Los departamentos de mantenimiento y de pisos mantienen una relación recíproca de información y servicios.

    ☑ **Verdadero**
    ☐ Falso

e. En tareas como averías, bloqueo de habitaciones y mantenimiento de maquinaria y equipos de trabajo debe responsabilizarse todo el personal de pisos.

    ☑ **Verdadero**
    ☐ Falso

f. Debe ser el personal de pisos quien repare las averías que surjan en la maquinaria utilizada.

    ☐ Verdadero
    ☑ **Falso**

g. Los tipos de mantenimiento más importante son: preventivo, correctivo y mixto.

    ☑ **Verdadero**
    ☐ Falso

4. ¿Qué tipos de mantenimiento existen?

a. Mantenimiento preventivo.
b. Únicamente mantenimiento preventivo y mantenimiento correctivo.
c. Mantenimiento preventivo, mantenimiento correctivo y mantenimiento mixto.
d. Mantenimiento mixto.

5. ¿Cómo pueden ser las funciones de mantenimiento que se incluyen en un plan de mantenimiento, teniendo en cuenta su temporalidad?

Diarias, periódicas y esporádicas.

6. Relacione los siguientes puntos:

   a. Averías.
   b. Bloqueo de una habitación.
   c. Mantenimiento de maquinaria y equipos de trabajo.

   b. Se lleva a cabo si en la habitación surge una avería grande.
   c. El principal responsable es el personal que trabaja con ella.
   c. Se debe mantener en buen estado, limpias y ordenadas.
   a. Se comunican mediante un parte.
   b. Se lleva a cabo si coincide con el plan de mantenimiento y reforma de las habitaciones.
   a. Se comunican por teléfono interno.
   a. Se comunican mediante los programas informáticos.

7. Busque en la siguiente sopa de letras siete elementos que pueden ser objeto de tareas de mantenimiento en un alojamiento:

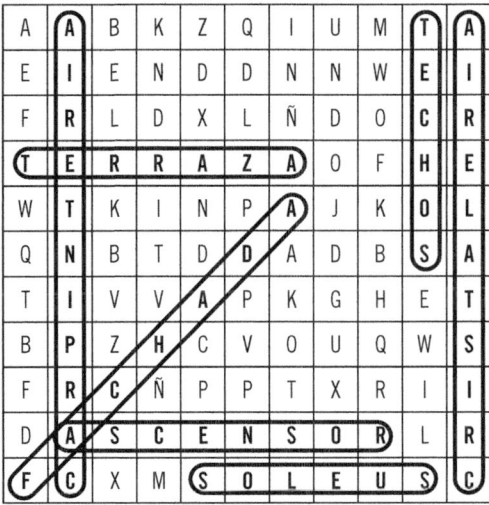

8. **¿Qué es el mantenimiento correctivo?**

    a. Son tareas de vigilancia y control de todos los elementos del alojamiento, para detectar a tiempo posibles averías.

    b. Consiste en llevar a cabo un plan que establezca medidas de los mantenimientos correctivos y preventivos.

    c. El realizado por obligación legal debido a que ciertos equipos vienen regulados por normativas.

    d. Es el que se lleva a cabo como consecuencia de una avería, es decir, una vez que esta ya ha ocurrido.

9. **¿Qué normativa regula el mantenimiento de las instalaciones contra incendios de un alojamiento?**

Real Decreto 1942/1993, de 5 de noviembre, por el que se aprueba el Reglamento de instalaciones de protección contra incendios.

10. **Elabore una lista con las medidas de mantenimiento que pueden llevarse a cabo en las fachadas de un inmueble.**

    ❚ Limpieza cada cierto tiempo, para mejorar su imagen estética y también para visualizar fallos con más claridad y repararlos.

    ❚ Evaluar los elementos metálicos fijados a la fachada y su estado de anclaje. Por ejemplo, los balcones.

    ❚ Reparar y tapar las grietas o hendiduras que pueda mostrar.

Solucionario Capítulo 6

1. **Complete el siguiente texto:**

   a. El servicio de **seguridad** de un alojamiento tiene como objetivo proteger a los **clientes** y **empleados** que en él se encuentran, así como sus bienes, intentando evitar los **riesgos** más característicos.

   b. Para ello, los alojamientos cuentan con una serie de **equipos** e instalaciones en materia de **seguridad**, y muchos de ellos vienen regulados por la ley, por lo que su conservación y **mantenimiento** es de obligado cumplimiento.

2. **¿Cómo se llaman las cerraduras que se abren con una tarjeta codificada?**

   Cerraduras electrónicas.

3. **Busque en la siguiente sopa de letras seis palabras relacionadas con equipos o procedimientos de seguridad de un establecimiento de alojamiento:**

M	A	S	C	A	R	I	L	L	A
F	X	O	L	U	N	Y	Ñ	O	Q
J	K	M	G	D	T	P	R	K	L
S	A	R	A	M	A	C	C	H	I
M	V	I	G	D	A	C	E	V	V
Z	R	C	A	L	Z	A	D	O	E
S	A	R	U	D	A	R	R	E	C
P	Q	M	U	O	P	W	Y	T	Y
Ñ	I	M	X	Q	Z	Ñ	F	B	I
S	A	S	E	T	N	A	U	G	E

4. Relacione las siguientes definiciones:

    a. Simulacro de emergencia
    b. Simulacro de evacuación
    c. Simulacro de comunicación

    c. Se trata de una parte importante tanto del simulacro de emergencia como del de evacuación, ya que con él se pretende analizar en la práctica cuál sería la reacción de las personas involucradas en la emergencia, el tiempo en el que se realizarían los procedimientos de evacuación y el estado de los sistemas de emergencias.

    a. Consiste en ponerse en la situación de un accidente o siniestros y, a partir de aquí, llevar a cabo los procedimientos expuestos en el plan de emergencia del alojamiento.

    b. Este simulacro es complementario, y en él se desarrollarán los procedimientos y actuaciones de evacuación, tal y como están ordenadas en el plan.

5. ¿Los guantes para limpiar habitaciones son iguales que los que se utilizan para coger materiales pesados?

No, los de limpieza suelen ser de látex, y los que se utilizan para coger y transportar material pesado están fabricados con elementos textiles y/o de piel, para evitar cortes y protegerse.

6. Indique si las siguientes afirmaciones son verdaderas o falsas:

    a. El plan de emergencias es un apartado más dentro del plan de autoprotección.

        ☑ **Verdadero**
        ☐ Falso

    b. La realización de simulacros es opcional para la dirección del alojamiento, y se hará según convenga.

        ☐ Verdadero
        ☑ **Falso**

c. En las residencias para la tercera edad debe haber pasamanos en los pasillos.

☑ **Verdadero**
☐ Falso

7. **¿Cuál de los siguientes equipos de seguridad no es exclusivamente para la protección del personal laboral del alojamiento?**

a. Calzado antideslizante.
b. **Salidas de emergencia.**
c. Guantes de látex.
d. Mascarilla autoflitrante.

8. **¿En qué consisten los sistemas contra incendios?**

Son todos aquellos elementos que dan la alarma de un incendio y otros que sirven para paliarlo, como extintores o mangueras. Todos los establecimientos deben contar con ellos.

9. **Enumere al menos tres instrumentos para prevención y protección contra incendios.**

▮ Muros y puertas cortafuegos.
▮ Huecos de escaleras y ascensores construidos con materiales incombustibles.
▮ Sistemas de detección y alarma de fuegos: entre los que pueden estar sensores ópticos de humo o de llama, alarmas de calor, detectores de fugas de gas, etc.
▮ Extintores: estos instrumentos son de tipología variada, y se pueden encontrar extintores de polvo (los más comunes), pero también de anhídrido carbónico, de agua o de gas halón.
▮ Bocas de incendios equipadas: compuestos por una manguera y una lanza, además de un soporte para ella y un cajón.

10. ¿Cuál de las siguientes normas se debe aplicar a los establecimientos de alojamientos?

    a. Orden de 25 de septiembre de 1979, sobre prevención de incendios en establecimientos turísticos.

    b. Ley 31/ 1995, de 8 de noviembre, de Prevención de Riesgos Laborales.

    c. Real Decreto 393/2007, de 23 de marzo, por el cual se aprueba la Norma Básica de Autoprotección.

    d. Todas las opciones son correctas.

Solucionario 2
Comunicación y atención al cliente en hostelería y turismo

Solucionario Bloque 1 Capítulo 1

1. Relacione:

    a. Barreras semánticas.
    b. Barreras físicas.
    c. Barreras fisiológicas.
    d. Barreras psicológicas.
    e. Barreras sociológicas.

    c. Discapacidad auditiva.
    a. Polisemia.
    d. Emociones humanas.
    e. Pertenecer a distintas religiones.
    b. Ruido ambiental.

2. **¿Cuáles son los tres niveles de cualquier lengua o idioma?**

    Nivel fónico, nivel morfosintáctico y nivel léxico semántico.

3. **De las siguientes frases, indique cuál es verdadera o falsa:**

    a. La kinesia estudia la comunicación no verbal a través de los movimientos del cuerpo.

        ☑ **Verdadero**
        ☐ Falso

    b. La kinesia es el estudio de las variaciones no lingüísticas como el ritmo, el tono y el volumen.

        ☐ Verdadero
        ☑ **Falso**

    c. La proxémica es el estudio de la forma en que las personas usan el espacio.

        ☑ **Verdadero**
        ☐ Falso

4. ¿Cuáles son las principales actitudes ante una situación difícil?

Autocontrol, empatía y asertividad.

5. ¿Qué es la empatía?

La empatía es una habilidad fundamental para comprender el mensaje de otra persona y que consiste principalmente en inferir los pensamientos y sentimientos de otros, generando sentimientos de simpatía, comprensión y ternura. Básicamente, consiste en ponerse en el lugar del otro, entendiendo y comprendiendo su situación, su estado de ánimo, de manera que el entendimiento entre ambos sea mejor.

Solucionario Bloque 1 Capítulo 2

1. **De las siguientes frases, indique cuál es verdadera o falsa:**

   a. En cualquier tipo de comunicación existen dos conductas a adoptar frente a la misma, de manera agresiva o pasiva.

   ☐ Verdadero
   ☑ **Falso**

   b. La conducta pasiva muestra principalmente una falta de respeto hacia las necesidades personales.

   ☑ **Verdadero**
   ☐ Falso

   c. Uno de los principios más importantes en la comunicación es el saber escuchar.

   ☑ **Verdadero**
   ☐ Falso

   d. La conducta asertiva implica respeto hacia uno mismo.

   ☑ **Verdadero**
   ☐ Falso

2. **Rellene los huecos de la siguiente frase:**

   Al usar eficientemente las habilidades de **comunicación,** se benefician tanto el **cliente,** como el **profesional.**

3. **Cite al menos dos técnicas de comunicación.**

   ▪ Comunicación asertiva.
   ▪ Comunicación pasiva.
   ▪ Comunicación agresiva.
   ▪ Escucha activa.

4. **Diga qué elemento no facilita una escucha activa :**

    a. Disposición psicológica.
    b. Observar al interlocutor.
    c. Hacer ver al otro que se le esta escuchando.
    d. Prestar atención a equipos de procesos para la información.

5. **Indique al menos tres puntos para enviar un mensaje de una manera eficaz.**

- Ser claros y precisos y no irse por las ramas.
- Tratar un tema sólo cada vez y no mezclar conceptos.
- Dar más importancia a la resolución de un problema que a los motivos que lo han ocasionado.
- Comprobar que se ha entendido bien el mensaje y sino es así, volverlo a explicar con distintas palabras.
- Utilizar la voz de manera que lo que se quiera comunicar no resulte monótono.
- Escuchar con atención a los demás.
- Intentar comprender su punto de vista.
- Resumir de vez en cuando lo que la otra persona dice para darle a entender que se le está prestando atención.

Solucionario Bloque 1 Capítulo 3

1. **De las siguientes frases, indique cuál es verdadera o falsa.**

   a. La presunción de entendimiento es uno de los problemas de comunicación debido al receptor.

      ☑ **Verdadero**
      ☐ Falso

   b. El principal problema de comunicación por causa del código, en especial en la empresa turística, es el idioma.

      ☑ **Verdadero**
      ☐ Falso

   c. Las leyes de propagación del rumor son: ley de nivelación, ley de acentuación, ley de asimilación y ley de información.

      ☐ Verdadero
      ☑ **Falso**

   d. Para evitar problemas de comunicación es mejor no empatizar con el interlocutor.

      ☐ Verdadero
      ☑ **Falso**

2. **Complete la siguiente frase:**

   Los factores que favorecen que se genere ruido son principalmente los **tecnológicos** y los **ambientales**.

3. **Cite al menos tres técnicas para evitar problemas de comunicación.**

   I Escuchar lo que la otra persona está diciendo, aunque no sea agradable.
   I Demostrar interés por la persona que comunica el mensaje.
   I Estar atento a lo que transmite e interrogarle para completar la información.
   I Aprender a ceder para evitar conflictos derivados de la perseverancia de algún interlocutor.
   I No emitir juicios sobre el mensaje.
   I Planificar cómo se va a comunicar lo que se quiere decir.
   I Demostrar sinceridad a la hora de comunicar algo, tal y como se siente y se piensa.
   I Empatizar con el otro interlocutor.
   I Escuchar los distintos puntos de vista del resto de los interlocutores.
   I Analizar los gestos, la comunicación no verbal y la entonación del mensaje.
   I Mostrar cortesía.
   I No enviar una comunicación si no se está seguro de su veracidad.
   I Intentar ser objetivo en sus opiniones.
   I Adaptarse al lenguaje del interlocutor.

4. **De los siguientes, identifique qué problema no afecta a la percepción de la realidad dentro de la problemática de la comunicación debida al emisor:**

   a. Abstracciones.
   b. **Observar al interlocutor.**
   c. Conclusiones.
   d. Evaluaciones esterotipadas.

5. **Indique qué tres condiciones se tienen que dar para que aparezca un rumor.**

   I Importancia del contenido de la información para la persona.
   I Ambigüedad del contenido de la noticia.
   I Que se puede hacer algo —sacar provecho- con el contenido de la información.

Solucionario Bloque 1 Capítulo 4

1. ¿Cuáles son las dos frases o palabras imprescindibles en toda comunicación con clientes?

    a. Sonreír y escuchar.
    b. Emisor y receptor.
    c. La empresa es lo primero y el cliente es lo segundo.
    d. Por favor y gracias.

2. De las siguientes frases, indique cuál es verdadera o falsa.

    a. Al cliente nunca se le debe preguntar el nombre. Se supone que ya se tiene que saber de antemano.

        ☐ Verdadero
        ☑ **Falso**

    b. No importa estar haciendo otras cosas a la vez mientras se atiende a un cliente.

        ☐ Verdadero
        ☑ **Falso**

    c. Se debe sonreír al hablar por teléfono.

        ☑ **Verdadero**
        ☐ Falso

    d. No se debe comer ni beber mientras se habla por teléfono.

        ☑ **Verdadero**
        ☐ Falso

3. **¿Cuáles de las siguientes frases o aserciones son correctas a la hora de hablar con un cliente por teléfono y cuáles no?**

   a. Buenos días le atiende Anabel. ¿En qué puedo ayudarle?

   ☑ **Correcta**
   ☐ Incorrecta

   b. No está en la oficina. Llame más tarde.

   ☐ Correcta
   ☑ **Incorrecta**

   c. ¿Quién llama?

   ☐ Correcta
   ☑ **Incorrecta**

   d. Perdón, creo que ha habido un malentendido.

   ☑ **Correcta**
   ☐ Incorrecta

4. **¿Cómo se clasifica la comunicación telemática según la explotación de los circuitos de datos?**

   a. **Unidireccional, bidireccional, bidireccional simultánea.**
   b. Sincrónica y asincrónica.
   c. Direccional y no direccional.
   d. Sincrónica y sincrónica simultánea.

5. **El chat, ¿qué tipo de herramienta de comunicación es?**

   a. Asincrónica.
   b. Unidireccional.
   c. **Sincrónica.**
   d. Ninguna de las anteriores.

Solucionario Bloque 2 Capítulo 1

1. **De las siguientes frases, indique cuál es verdadera o falsa.**

    a. Los clientes son iguales aunque se identifiquen en un determinado grupo.

        ☐ Verdadero
        ☑ **Falso**

    b. La manera de tratar a un cliente exigente es tener paciencia y no caer en sus provocaciones.

        ☑ **Verdadero**
        ☐ Falso

    c. Los grupos de clientes no suelen tener el viaje organizado, por ello, debe de habilitar un lugar de espera mientras se coordinan.

        ☐ Verdadero
        ☑ **Falso**

2. **¿Cómo pueden clasificarse los clientes dependiendo del colectivo al que pertenecen?**

    ▌ Congresistas.
    ▌ Grupo.
    ▌ Tercera edad.
    ▌ Familias con niños.

3. **Cite al menos tres técnicas para tratar a un cliente independiente.**

    ▌ Amabilidad.
    ▌ Cortesía.
    ▌ Sin atosigarle.

4. **Dependiendo de la personalidad del cliente, diga cuál de las siguientes no corresponde:**

    a. Amigables.
    b. Mundano.
    c. Tímido.
    d. Exigente.
    e. Independiente.
    f. Impaciente.
    g. Curioso.
    h. Enfadado.

5. **Complete la siguiente frase:**

Cada cliente es **único,** pero todos tienen características comunes que permiten clasificarlos en distintos **grupos,** para así poder tratarles según su **tipología** de manera que reciban el trato más acorde con su grupo.

Solucionario Bloque 2 Capítulo 2

1. **¿Cuál de las siguientes características no son propias de una empresa centrada en el cliente?**

   a. Se buscan soluciones a corto plazo.
   b. La dirección se centra en apoyar a los empleados.
   c. Se busca formar al empleado continuamente en diversos campos.
   d. **El personal dedica su tiempo a satisfacer a los directivos, principalmente.**

2. **¿Cuáles son los tres pasos principales que se deben tener en cuenta a la hora de ofrecer un buen servicio?**

   ▪ Qué se va a ofrecer.
   ▪ El nivel que van a tener los servicios.
   ▪ Cuál va a ser la mejor forma de ofrecerlos.

3. **Complete la siguiente frase:**

   Los aspectos básicos que siempre hay que tener en cuenta de un buen servicio son: accesibilidad, **credibilidad,** seguridad, **comunicación** y **cortesía.**

4. **Indique tres métodos para investigar las necesidades del cliente.**

   ▪ Encuestas.
   ▪ Cuestionarios.
   ▪ Preguntar al cliente.
   ▪ Preguntar al personal que tiene trato con él.
   ▪ Bases de datos.
   ▪ A través de reclamaciones.

5. De las siguientes frases, indique cuál es verdadera o falsa.

a. Las cláusulas objetivas dependen del cliente.

☐ Verdadero
☑ **Falso**

b. Las situaciones que dependen del personal pueden darse por falta de tiempo.

☑ **Verdadero**
☐ Falso

c. Las situaciones que dependen del entorno son situaciones que no dependen ni del cliente ni del personal.

☑ **Verdadero**
☐ Falso

Solucionario Bloque 2 Capítulo 3

1. **Diga tres obstáculos que dificulten la labor de reconducción de un cliente.**

   ▌ La empresa no tiene una política de quejas clara.
   ▌ Los empleados no tienen potestad para tomar ningún tipo de decisión.
   ▌ Los empleados no pueden desviarse de las reglas.
   ▌ La empresa no está orientada al cliente.
   ▌ La empresa no valora las quejas de los clientes o no piensa que sean justificadas.
   ▌ El personal no está motivado.
   ▌ La empresa tiene como primera finalidad la satisfacción del empresario o jefe en vez de tener como prioridad la satisfacción del cliente.

2. **¿Cuál de los siguientes tipos de quejas corresponde a la clasificación de éstas según su proceso?**

   a. Activa.
   b. Justificada.
   c. Dura.
   d. Pasiva.

3. **Relacione:**

   a. Acción privada.
   b. Acción pública.

   a. No recomendar.
   b. Presentar queja a la empresa.
   b. Presentar a una queja a un organismo oficial.
   a. No volver.
   b. Buzón de sugerencias.

4. De las siguientes frases, indique cuál es verdadera o falsa.

a. Un profesional del turismo nunca debe tomarse la queja como algo personal.

☑ **Verdadero**
☐ Falso

b. Un profesional del turismo no tiene porqué informar al cliente del proceso de tramitación de la queja falsa.

☐ Verdadero
☑ **Falso**

c. Un profesional del turismo deberá tratar de desviar el problema hacia otros asuntos.

☐ Verdadero
☑ **Falso**

d. El profesional del turismo deberá echarle la culpa a un compañero si efectivamente ha sido el responsable.

☐ Verdadero
☑ **Falso**

e. Las hojas de reclamación no tienen porqué estar a disposición del cliente si el empresario no lo desea.

☐ Verdadero
☑ **Falso**

f. Deberá indicarse en una zona visible que se dispone de hojas de reclamación.

☑ **Verdadero**
☐ Falso

g. La hoja de reclamación puede ser anónima.

☐ Verdadero
☑ **Falso**

h. Se puede reclamar con referencia al precio estipulado antes de pagarlo.

☐ Verdadero
☑ **Falso**

Solucionario Bloque 2 Capítulo 4

1. **Complete la siguiente frase:**

Los poderes públicos garantizarán la defensa de los consumidores y usuarios mediante, **procedimientos eficaces,** la **seguridad,** la **salud,** y los legítimos intereses económicos de los mismos.

2. **Diga al menos tres materias sobre las que se incluyen novedades importantes en la Ley 44/2006.**

   ▌ La oferta, promoción y publicidad falsa o engañosa.
   ▌ Las cláusulas abusivas.
   ▌ La devolución del precio del producto.
   ▌ El derecho a finalizar el contrato de prestación de servicios.
   ▌ El derecho a estar informados del precio final.
   ▌ Oficinas de atención al cliente.
   ▌ Obstáculos onerosos y desproporcionados.

3. **Identifique de entre las siguientes, la normativa en materia de consumo no perteneciente a la legislación española:**

   a. Ley 26/1984
   b. Ley 39/2002
   c. Ley 44/2006
   d. **Directiva 1999/44/CE**

4. **Indique al menos tres grupos dentro de los que se clasifican las cláusulas abusivas.**

   ▌ Las que vinculan el contrato a la voluntad del empresario.
   ▌ Las que privan a los consumidores de los derechos básicos.
   ▌ Las que implican falta de reciprocidad en las prestaciones.
   ▌ Las que impone al consumidor garantías excesivas en proporción al riesgo del empresario.
   ▌ Las que afectan a la perfección y ejecución del contrato.
   ▌ Las que afectan a la competencia de los tribunales y la ley aplicable.

5. De las siguientes frases, indique cuál es verdadera o falsa.

    a. Los productos tienen un año de garantía, aunque en ciertos países como España tienen dos.

        ☐ Verdadero
        ☑ **Falso**

    b. Los viajes organizados vendrán legislados independientemente por cada país según su normativa.

        ☐ Verdadero
        ☑ **Falso**

    c. Las cláusulas abusivas están prohibidas en los contratos.

        ☑ **Verdadero**
        ☐ Falso

    d. La normativa europea incluye unas directrices sobre los derechos de los pasajeros de cualquier vuelo regular nacional en el interior de la Unión Europea, cualquier vuelo charter con destino u origen en la UE o vuelos procedentes del exterior de la Unión Europea.

        ☑ **Verdadero**
        ☐ Falso

Gestión de protocolo

Solucionario Capítulo 1

1. **Complete las siguientes frases:**

El protocolo se puede definir como un conjunto de **normas** y técnicas de **usos** y **costumbres.**

Los actos organizados por las Cámaras legislativas, el Ejército, el Poder Judicial y las Corporaciones públicas, se denominan actos **oficiales** de **carácter especial.**

2. **De las siguientes frases, indique cuál es verdadera o falsa.**

   a. El protocolo social existe desde que existen las clases sociales.

      ☑ **Verdadero**
      ☐ Falso

   b. El protocolo social existe desde la Edad Media.

      ☐ Verdadero
      ☑ **Falso**

   c. El protocolo empresarial existe desde la Revolución industrial.

      ☑ **Verdadero**
      ☐ Falso

   d. El protocolo empresarial existe desde la Edad Media.

      ☐ Verdadero
      ☑ **Falso**

3. **Cite dos ejemplos de normas de comportamiento de la antigüedad.**

   Código de Hammurabi y jeroglíficos del antiguo Egipto.

4. Indique cuáles son los distintos tipos de protocolo según la naturaleza de su función.

Estructural, de gestión y de atención y asesoramiento personal.

5. Indique cuál de las siguientes normas de protocolo no era típica en la época de la creación de la corte:

   a. Tratamiento del rey y militares.
   b. Control de los actos a los que acudía el rey.
   c. Reglas para solicitar audiencia real.
   d. **Control de los actos organizados por las Cámaras legislativas.**

6. El protocolo de los actos de sociedad y familiar que no se consideran actos públicos, se denomina...

   a. ... protocolo oficial.
   b. **... protocolo social.**
   c. ... protocolo empresarial.
   d. ... protocolo diplomático.

Solucionario Capítulo 2

1. El organismo, público o privado que persigue la realización de unos fines o propósitos comunes es:

    a. Ente.
    b. Institución.
    c. Gabinete.
    d. Estado.

2. Indique cuál de las siguientes funciones no es propia de un gabinete de relaciones públicas de una institución.

    a. Labores de información.
    b. Atención a clientes.
    c. Representación de la institución.
    d. Entrega de premios.

3. Las formas de aplicación de las reglas o normas de protocolo se llama:

    a. Celebración.
    b. Protocolo institucional.
    c. Protocolo social.
    d. Ceremonial.

4. Relacione.

    a. Protocolo institucional.
    b. Protocolo empresarial.
    c. Protocolo internacional.

    c. Conferencia diplomática.
    a. Apertura de la legislatura.
    a. Inauguración colegio.
    b. Convención anual.

5. Indique si son verdaderas o falsas las siguientes afirmaciones:

a. El protocolo de la vestimenta en el ámbito empresarial es uniforme en todas las empresas.

☐ Verdadero
☑ **Falso**

b. No existe ningún tipo de protocolo de vestimenta en el ámbito empresarial.

☐ Verdadero
☑ **Falso**

c. El protocolo de la vestimenta en el ámbito empresarial varía según la empresa.

☑ **Verdadero**
☐ Falso

d. El protocolo de la vestimenta en el ámbito empresarial vendrá estipulado en las normas internas de la misma.

☑ **Verdadero**
☐ Falso

e. Al organizar una reunión, la persona de menor categoría profesional debe desplazarse para visitar a la de mayor categoría.

☐ Verdadero
☑ **Falso**

f. Al organizar una reunión, la persona de menor categoría debe desplazarse para visitar a la de mayor categoría.

☑ **Verdadero**
☐ Falso

g. Al entrar una persona en una sala de reunión, no es necesario levantarse.

☐ Verdadero
☑ **Falso**

h. Al entrar una persona en una sala de reunión, si se está hablando por teléfono, se deberá dejar la conversación inmediatamente.

☐ Verdadero
☑ **Falso**

6. **Dentro de las normas generales de los organismos internacionales se encuentran las siguientes:**

a. Tiene derecho a que se le reconozca personalidad y capacidad jurídica.

☑ **Verdadero**
☐ Falso

b. Tiene poder para establecer las normas protocolarias que estime, cualesquiera que sean.

☐ Verdadero
☑ **Falso**

c. Tiene poder para establecer la precedencia de sus integrantes.

☑ **Verdadero**
☐ Falso

d. Tiene poder para establecer la precedencia de las banderas, tanto oficiales, como propias.

☐ Verdadero
☑ **Falso**

7. **¿Cuáles son las principales reglas de oro del protocolo empresarial?**

Presencia, conocimiento de las categorías sociales, dominio, conocimiento de las limitaciones, seguridad y respeto.

8. **Complete la siguiente frase:**

En un organismo internacional, en el caso de establecer una sede permanente en un determinado país, se firmará un **acuerdo bilateral,** denominado acuerdo de sede, donde se indican las condiciones operativas de la misma.

Solucionario Capítulo 3

1. **De las siguientes frases, indique cuál es verdadera o falsa.**

   a. En un banquete, el *maître* debe acompañar a todos los invitados a la mesa.

      ☐ Verdadero
      ☑ **Falso**

   b. En un banquete, el *maître* debe acompañar solo a los invitados de honor a la mesa.

      ☑ **Verdadero**
      ☐ Falso

   c. En un banquete, el lugar de colocación de los invitados es libre.

      ☐ Verdadero
      ☑ **Falso**

   d. En un banquete, el lugar de colocación de los invitados viene determinado por el organizador.

      ☑ **Verdadero**
      ☐ Falso

   e. El chaqué es un traje de chaqueta normal, con los pantalones grises y la chaqueta negra.

      ☐ Verdadero
      ☑ **Falso**

   f. A una boda se debe ir siempre con vestido largo, ya que es más elegante.

      ☐ Verdadero
      ☑ **Falso**

   g. A una boda es debe ir siempre con pamela.

      ☐ Verdadero
      ☑ **Falso**

h. Si el novio va con chaqué, los invitados también deben ir todos con chaqué.

  ☐ Verdadero
  ☑ **Falso**

i. Los zapatos del novio tienen que ser oscuros y con cordones.

  ☑ **Verdadero**
  ☐ Falso

2. Relacione.

  a. Eventos privados.
  b. Eventos públicos.

  a. Banquete.
  b. Convención.
  b. Cóctel.
  a. Boda.
  b. Feria de muestras.

3. Un bautizo deberá siempre celebrarse...

  a. ... de día.
  b. ... por la mañana.
  c. ... por la tarde.
  d. ... da igual la hora.

4. ¿Qué no debe llevar una niña en su vestido de comunión?

Muchos volantes, guantes ni velo.

5. Indique cómo no deben ir vestidos los niños el día de su comunión.

De almirante o marinero.

6. ¿Cuál es la diferencia entre cóctel y recepción?

La recepción es un acto oficial.

7. **Indique al menos cinco normas de cortesía en la mesa.**

- Masticar sin hacer ruido.
- No hablar con la boca llena.
- No llenar mucho la boca.
- Llevarse la comida a la boca y no al revés.
- La servilleta se coloca sobre las piernas.
- No apoyar los codos en la mesa.
- No llenar mucho la cuchara.
- El caldo en taza se bebe directamente de la taza y no se utiliza cuchara.
- La cuchara sopera se deja en el plato.
- No se debe rebañar hasta dejar el plato limpio.
- Antes de beber agua, hay que limpiarse la boca.
- El pescado no se corta con cuchillo, sino con pala de pescado.
- Los espárragos y el huevo no se cortan nunca con cuchillo.
- El pan se corta con las manos.
- No se debe decir que no a nada. Es mejor tomar un poquito para no ofender.
- No se deben separar los brazos del cuerpo.
- Los cubiertos al acabar se dejan sobre el plato, cerrados e ligeramente inclinados hacia la derecha.

8. **Complete las siguientes frases:**

El desayuno de trabajo debe durar aproximadamente **una hora**.

El protocolo del desayuno de trabajo es muy sencillo. Hay que tener en cuenta principalmente los **tratamientos**, los **saludos**, las **presentaciones** y la **vestimenta**.

Solucionario Capítulo 4

1. La preferencia o anterioridad que una persona o cosa tiene respecto de otra es:

    a. Presidencia.
    b. Precedencia.
    c. Jerarquía.
    d. Orden.

2. Seleccione si las siguientes colocaciones de las banderas de uso nacional es la correcta:

    a. Bandera nacional - comunidad autónoma - ciudad.
    b. Comunidad autónoma - nacional - ciudad.
    c. Ciudad - nacional - comunidad autónoma.
    d. Nacional - ciudad (la de la comunidad autónoma no hay que ponerla).

3. De las siguientes frases, indique cuál es verdadera o falsa.

    a. Es más importante la categoría personal que el cargo que se ostenta.

        ☐ Verdadero
        ☑ **Falso**

    b. En caso de mismo cargo, tiene preferencia el extranjero.

        ☐ Verdadero
        ☑ **Falso**

    c. Las autoridades que acuden por delegación, no confieren precedencia.

        ☑ **Verdadero**
        ☐ Falso

    d. Los representantes de instituciones oficiales tienen preferencia sobre los privados.

        ☑ **Verdadero**
        ☐ Falso

e. En un coche la persona de mayor rango jerárquico, irá delante, al lado del conductor.

    ☐ Verdadero
    ☑ **Falso**

f. En un coche la persona de mayor rango jerárquico, irá detrás, al lado opuesto del conductor.

    ☑ **Verdadero**
    ☐ Falso

g. En un coche la persona de mayor rango jerárquico, irá detrás, en el lado del conductor.

    ☐ Verdadero
    ☑ **Falso**

h. En un coche la persona de mayor rango jerárquico, irá en el centro, entre los dos siguientes al orden de preferencia.

    ☐ Verdadero
    ☑ **Falso**

4. Relacione.

    a. Tratamiento personal.
    b. Tratamiento impersonal.
    c. Tratamiento escrito.
    d. Tratamiento por el cargo.

    b. A una institución.
    a. A una persona física.
    c. A través de una comunicación.
    d. Según el cargo que desempeña.

5. Relacione los distintos tipos de presidencia.

     a. Simple.
     b. Intercalada.
     c. Doble intercalada.

     b. 6 4 2 1 3 5 7
     a. 1 2 3 4 5 6 7
     c. 3 2 1 P 1 2 3

6. ¿Qué tratamiento corresponde a cada uno de estos cargos?

     a. Sr. Jefe de la Casa Real de Su Majestad el Rey: **Excelentísimo.**
     b. Comandante de Corbeta: **Señor Don.**
     c. Consellers de la Comunidad Autónoma de Valencia: **Honorable.**
     d. Canónigo: **Muy Ilustre Señor.**

7. Distribuya las banderas según lo siguiente:

     a. Si se encuentran en la parte trasera de un salón y son impares.
     4 2 1 3 5 7
     b. Si se encuentran en la parte trasera de un salón y son pares.
     5 3 2 1 2 4 6
     c. Si se encuentran en la puerta del edificio en una única línea.
     5 4 3 2 1 Entrada
     d. Si se encuentran en la puerta del edificio en dos líneas.
     3 2 1 Entrada 1 2 3 4

8. Complete la siguiente frase.

El régimen general de precedencia se distribuye en tres rangos de ordenación: individual, **departamental y colegiado.**

9. Ordene los siguientes tratamientos por jerarquía: Excelentísimo Presidente del Gobierno, Excelentísimo Alcalde de Madrid, Su Alteza Real el Príncipe de Asturias, Señor Alcalde de Alcaudete, Ilustrísimo Alcalde de Sevilla.

Excelentísimo Presidente del Gobierno, Su Alteza Real el Príncipe de Asturias, Excelentísimo Alcalde de Madrid, Ilustrísimo Alcalde de Sevilla y Señor Alcalde de Alcaudete.

Solucionario Capítulo 5

1. **La ceremonia por la que dos personas que no se conocían quedan autorizadas para comunicarse entre sí se llama:**

   a. **Presentación.**
   b. Introducción.
   c. Saludos.
   d. Presidencia.

2. **¿Quién es la persona que debe realizar una reverencia ante la Casa Real?**

   a. El hombre.
   b. **La mujer.**
   c. Ninguno de los dos.
   d. Los dos.

3. **¿En qué situación una mujer realiza un besamanos?**

   Al saludar a los altos cargos eclesiásticos.

4. **¿Es correcto que una mujer se autopresente?**

   Anteriormente estaba mal visto que una mujer se autopresentase y se recurría siempre a una tercera persona, luego, se permitía que una mujer se presentase sobre todo en el ámbito profesional, aunque tras su nombre indicaba con quién estaba casada. Actualmente, sí está bien visto que se autopresente.

5. **¿En qué situación se pueden dar dos hombres un beso?**

   Si son familia directa.

6. **Relacione. Alguno de los tratamientos tiene más de una solución.**

    a. Tuteo.
    b. Usted.

    <u>**a.**</u> Entre jóvenes
    <u>**b.**</u> Por norma general.
    <u>**b.**</u> Si no se conoce a la otra persona.

7. **Relacione. Algún tipo de saludo tiene más de una solución.**

    a. Apretón de manos.
    b. Besos.
    c. Besamanos.

    <u>**a.**</u> Entre hombres.
    a, b y c. Entre hombres y mujeres.
    <u>**a.**</u> Entre mujeres.

8. **De las siguientes frases, indique cuál es verdadera o falsa.**

    a. Hay que descubrirse la cabeza tanto hombres como mujeres.

        ☐ Verdadero
        ☑ **Falso**

    b. Solo tienen que descubrirse la cabeza los hombres.

        ☑ **Verdadero**
        ☐ Falso

    c. Hay que quitarse los guantes, tanto hombres como mujeres.

        ☑ **Verdadero**
        ☐ Falso

    d. Solo tienen que quitarse los guantes los hombres.

        ☐ Verdadero
        ☑ **Falso**

e. Siempre se presenta el hombre a la mujer.

    ☐ Verdadero
    ☑ **Falso**

f. Siempre se presenta el de mayor edad al de menor edad.

    ☐ Verdadero
    ☑ **Falso**

g. Siempre se presenta el de menos edad al de mayor edad.

    ☑ **Verdadero**
    ☐ Falso

h. Si el señor es mayor y la mujer joven, entonces ella será presentada a él.

    ☑ **Verdadero**
    ☐ Falso

9. Complete la siguiente frase:

La forma de saludo más afectuoso entre personas es el **abrazo**.

Solucionario Capítulo 6

1. **Rellene las siguientes frases:**

El trozo de tela grueso y afelpado que se usa para proteger la mesa, para amortiguar el ruido y para que el mantel no se mueva demasiado, se llama **muletón** o **bajo mantel.**

El folleto donde se enumeran los platos y bebidas que se van a consumir y servir durante la comida se llama **minuta.**

En el sistema de presidencia **francesa** las presidencias se sitúan en el centro de la mesa, mientras que en el sistema de presidencia **inglesa,** las presidencias se sitúan en los extremos.

2. **¿Cuáles son los tipos de comedores que existen?**

Clásico, moderno, en forma de margarita o estrella, mixto, con doble presidencia y compartimentado.

3. **Indique si las siguientes afirmaciones son verdaderas o falsas:**

a. Las pinzas del marisco deben colocarse arriba, donde los cubiertos del postre.

☐ Verdadero
☑ **Falso**

b. Los cubiertos del postre se deben colocar arriba y por este orden, de dentro hacia fuera: cuchillo, tenedor y cuchara.

☑ **Verdadero**
☐ Falso

c. Se deben colocar siempre dos platos en la mesa, o bien uno llano y otro hondo (si el primer plato es una sopa), o bien dos llanos (si el primer plato se sirve en un plato llano).

☐ Verdadero
☑ **Falso**

d. La copa de agua es de tamaño igual o mayor que la de vino.

☑ **Verdadero**
☐ Falso

e. Tanto los camareros como el *maître* deben ir con el mismo uniforme, bien con chaqueta, bien con chaleco.

☐ Verdadero
☑ **Falso**

f. El uniforme de camarero deberá incluir unos guantes para atender las mesas en todo momento.

☐ Verdadero
☑ **Falso**

g. El uniforme de los camareros y *maîtres* suele distinguirse para diferenciarse unos de otros.

☑ **Verdadero**
☐ Falso

h. En las celebraciones oficiales de gran gala, el uniforme de los camareros es el esmoquin.

☐ Verdadero
☑ **Falso**

4. Relacione.

Las distintas tareas con el personal encargado de realizarlas.

a. *Maître.*
b. Sumiller.
c. Camarero.

b. Recomendación del vino.
a. Recomendación de los platos.
c. Preparar las mesas.
a. Tomar la comanda.

Las distintas características con los diferentes tipos de mesa. Algunas características son de más de un tipo de mesa.

  a. Imperial.
  b. Cuadrada.
  c. Redonda.
  d. Rectangular.

  a. Las esquinas redondeadas.
  a. Para más de cincuenta comensales.
  b. Solo en restaurantes y hoteles.
  d. Las cabeceras se ocupan o no, según el tipo de evento.
  a, b, c. Las cabeceras se ocupan siempre.

Los tipos de servicio.

  a. Servicio a la francesa.
  b. Servicio a la inglesa.
  c. Servicio a la rusa.
  d. Servicio directo.

  b. El camarero sirve al cliente de una fuente.
  d. Los platos ya vienen preparados de cocina.
  c. Se prepara en una mesa auxiliar.
  a. El cliente se sirve de una fuente que trae el camarero.

Los distintos eventos con las distintas situaciones.

  a. Vino de honor.
  b. Cóctel.
  c. Desayuno de trabajo.
  d. *Coffee-break*.
  e. Recepción.

  a. Básicamente vino.
  b, e. Vino, otro tipo de bebidas frías y canapés.
  c, d. Café, té, zumo y bollería.

Solucionario 4
Función del mando intermedio en la Prevención de Riesgos Laborales

Solucionario Capítulo 1

1. **Defina el concepto de accidente de trabajo según el artículo 156 de la Ley General de la Seguridad Social.**

   Toda lesión corporal que el trabajador sufre con ocasión o por consecuencia del trabajo que ejecute por cuenta ajena.

2. **Complete la siguiente frase:**

   La gravedad de un riesgo profesional depende de **la posibilidad de que se produzca y de lo severo que pueda ser.**

3. **Se consideran principios generales de la prevención:**

   a. **Adaptar el trabajo a la persona y aplicar la evaluación de la técnica.**
   b. Mirar por la salud de los trabajadores.
   c. Sustituir lo peligroso por lo que no entrañe peligro y aplicar medidas de prevención individual antes que colectiva.
   d. Analizar los riesgos en su desarrollo y no en su origen.

4. **Enumere al menos tres condiciones de seguridad en el trabajo:**

   Características de los locales, la maquinaria, las instalaciones.

5. **Señale cuál de los siguientes conceptos están relacionados con la organización del trabajo.**

   a. **Tareas a efectuar**
   b. Manipulación de cargas
   c. Nivel de atención
   d. **Ritmos de ejecución**
   e. **Horarios**

6. Rellene los huecos en la siguiente frase:

La Higiene industrial estudia la **identificación**, valoración y corrección de **factores** físicos, químicos y **biológicos** presentes en el ambiente de trabajo.

7. Manifieste si está de acuerdo o no con esta afirmación y justifíquelo.

Se considera accidente de trabajo el sufrido por un recepcionista, al caer de una escalera, cambiando las bombillas de la lámpara del hall de entrada al hotel por expresa indicación de la Dirección.

Se trata de un accidente de trabajo, ya que aunque se ha producido en el desarrollo de una actividad que no le correspondía al trabajador por no coincidir en su categoría ni en sus funciones, había sido indicada su realización por la Dirección de la empresa, tal y como indica el artículo 115 de la Ley general de la Seguridad Social.

8. ¿El capítulo IV de qué Ley desarrolla los servicios de Prevención?

De la Ley de Prevención de Riesgos Laborales.

Solucionario Capítulo 2

1. **Defina el concepto de Sistema de gestión de la prevención.**

El conjunto de acciones que permiten un cumplimiento organizado y estructurado de las obligaciones legales en prevención de riesgos laborales.

2. **Enumere al menos tres de las acciones integradoras del mando intermedio.**

Velar por su salud y seguridad, mediante el cumplimiento de las medidas de prevención establecidas.

Utilizar correctamente los medios de protección individual que le sean facilitados por la empresa.

Informar de inmediato de cualquier situación que a su juicio entrañe riesgos.

3. **Complete la siguiente frase:**

En el apartado **2** del artículo **29** de la ley de prevención de riesgos laborales, se describen las **obligaciones** de los trabajadores en materia de **prevención**.

4. **¿Qué articulo de la ley de prevención de riesgos laborales 31/1995 establece la norma sobre información, consulta y participación en materia de prevención?**

El artículo 18.

5. **Complete el artículo 19 de la ley 31/1995 LPRL.**

El **empresario** debe **garantizar** que cada trabajador reciba la **formación**, teórica, práctica **suficiente** y adecuada en relación a la prevención de **riesgos**.

6. **Cite al menos dos de las premisas en las que se basan los instrumentos para la prevención.**

Conocimiento y control de la normativa.

Consultas y recomendaciones a los responsables de salud y seguridad, delegados de prevención, etc.

7. **Señale al menos tres de las recomendaciones citadas en el capítulo para la integración de la prevención en el equipo de trabajo.**

Insistir a nuestros colaboradores de la absoluta importancia de la aplicación de las normas preventivas.

Hacerles partícipes en la toma de decisiones al respecto.

Establecer distribuciones de tareas equilibradas, adaptándolas a las capacidades y responsabilidades de los trabajadores a nuestro cargo.

Solucionario Capítulo 3

1. **Señale los tres procesos que deberemos tener en cuenta para el análisis del riesgo.**

   - Identificar los peligros.
   - Evaluar los riesgos
   - Implantar y mantener al día las medidas de control.

2. **La evaluación general de riesgos incluye los siguientes aspectos: clasificación de las actividades de trabajo, análisis de riesgos y valoración de riesgos. ¿Cuáles faltan en esta lista?**

   - Preparación de un Plan de control de riesgos.
   - Revisión del plan.

3. **Complete la siguiente frase:**

   La ley de **Prevención de Riesgos Laborales 31/1995 en** su artículo **23.1** incluye un modelo de formato para la **evaluación general de riesgos laborales.**

4. **Describa brevemente los dos principales métodos de evaluación.**

   Método de lista de chequeo o comprobación. En el que se utilizan unos listados de comprobación donde se contestan a unas preguntas elaboradas de antemano, o simplemente se completa una serie de puntos. Se deben considerar todos los aspectos que puedan afectar a la prevención.

   Método Fine. Que se centra en el nivel de peligrosidad, el nivel de exposición al peligro y la probabilidad de que suceda el accidente.

5. **Cite cuáles son los principales objetivos del registro como documentación preventiva.**

   Facilitar la toma de decisiones.

   Ser la mejor forma de autocontrol del proceso de prevención, estableciendo la correcta retroalimentación.

6. **El análisis y la especificación de todos los riesgos detectados se realiza en la fase de:**

   a. En la propia auditoria presencial.
   b. En la fase anterior a la auditoria.
   c. **En la fase posterior a la auditoria.**

7. **Defina el plan de emergencia.**

   Planificación de acciones y la organización de medios humanos para el empleo óptimo de los medios técnicos previstos con el fin de reducir al mínimo las pérdidas humanas y económicas que se puedan derivar de una situación de emergencia.

8. **Desarrolle al menos cuatro de los consejos necesarios en el plan de evacuación.**

   Al salir de una dependencia incendiada debemos ir cerrando todas las puertas a nuestro paso, con el fin de evitar que el fuego o la explosión se propaguen.

   Avisar a los bomberos de forma inmediata, aunque pensemos que el incendio es de fácil extinción.

   Asegurarnos de que los equipos de emergencia están efectuando su cometido.

   No perder el tiempo en recuperar objetos personales o de valor.

Solucionario Capítulo 4

1. **Señale al menos tres recomendaciones para mantener el orden y la limpieza en el centro de trabajo.**

No sobrecargar estanterías ni zonas de almacenamiento.

Herramientas y utensilios de trabajo deben ser ordenados de forma correcta.

Los deshechos productos del trabajo deben ser depositados en los contenedores destinados a ello.

2. **Complete el siguiente texto.**

La señalización de **emergencia** tiene como finalidad llamar la **atención** de los trabajadores sobre la **existencia** de determinados **riesgos**.

3. **El riesgo y manipulación de productos químicos dependerá de tres factores.**

   a. Tipo de contaminante, tipo de reacción química y tiempo de exposición.
   b. Reacción química, tiempo de reacción y concentración del producto.
   c. **Tipo de contaminante, concentración del producto y tiempo de exposición.**

4. **Defina brevemente en qué consiste la protección activa frente a incendios.**

Implica actuaciones de forma directa en la utilización de aquellas instalaciones y medios de protección en la lucha contra incendios, tales como extintores, mangueras, pulverizadores.

5. **Por normativa, ¿cuál debe ser la temperatura del lugar de trabajo en oficinas?**

   a. De 20 a 29 ºC
   b. De 19 a 28 ºC
   c. **De 17 a 27 ºC**
   d. De 16 a 26 ºC

6. **Realice un esquema básico de cuáles son los efectos no auditivos del ruido.**

Efectos no auditivos: cardiovasculares, digestivos, endocrinos respiratorios, visuales y sobre el sistema nervioso general.

7. **¿En qué etapa del sueño se recupera el individuo de la carga física?**

En la primera fase del sueño o sueño profundo.

8. **Defina el concepto de EPI y cite al menos dos para el riesgo de incendio.**

Definíamos EPI o equipo de protección individual como el equipo destinado a ser llevado o sujetado por el trabajador para que le proteja de uno o varios riesgos que puedan amenazar su seguridad o su salud, así como cualquier complemento o accesorio destinado a tal fin.

Los específicos contra incendios pueden ser las máscaras de protección contra incendios, el vestuario ignífugo y la manta térmica.

Solucionario Capítulo 5

1. **Las siglas PAS atienden a:**

   a. Prevenir, atender y salvar.
   b. Proteger, ayudar y socorrer.
   c. **Proteger, avisar y socorrer.**
   d. Proteger, avisar y salvar.

2. **Señale cuál de las afirmaciones en referencia a la evaluación primaria son correctas:**

   a. **Comprobamos si existe pulso carotídeo y si el afectado respira.**
   b. Comprobamos las lesiones medulares.
   c. **Comprobaremos si se han producido hemorragias y el estado de consciencia.**
   d. Comprobando el pulso de vena en la muñeca.

3. **Señale si la afirmación del párrafo inferior está en lo cierto o no.**

   Las quemaduras de tercer grado no duelen.

   ☑ **Verdadero**
   ☐ Falso

4. **Complete la siguiente frase.**

   Un adulto que presenta ambos brazos quemados, presenta un porcentaje del 18% de quemaduras y su pronóstico es **muy grave.**

5. **Describa las hemorragias arteriales.**

   Las hemorragias arteriales se identifican porque la sangre es de color rojo vivo ya que es muy rica en oxígeno, y sale a borbotones o a golpes, coincidiendo con el ritmo cardíaco.

6. **Enumere las medidas a tener en cuenta en caso de intoxicación por inhalación.**

   ■ Sacar al intoxicado al exterior.
   ■ Mantener despejada la vía aérea.
   ■ Trasladarlo al Centro sanitario más próximo.
   ■ Realizar RCP si fuera necesario.

7. **En referencia a la siguiente afirmación elija la opción más correcta.**

   a. Los mandos intermedios deben proporcionar a los clientes aquellos medicamentos que nos soliciten, ya que cuanto mejor sea nuestro trato, mayor será su satisfacción.
   b. **La mayoría de empresas hoteleras no permite que sus recepcionistas den medicamentos a sus huéspedes. No somos farmacias, ni tampoco médicos.**
   c. Los analgésicos, calmantes y antihistamínicos no presentan contraindicaciones.
   d. Cuanto mayor sea el abanico de medicamentos de un hotel, mayor será el campo de aplicación en caso de emergencia.

8. **Defina el concepto de epistaxis.**

   Se conoce como epistaxis a la hemorragia nasal. Puede ser producida por un golpe o un desgaste de la mucosa.

9. **Rellene los huecos vacíos en la siguiente frase.**

   La posición de **Trendelemurg**, es idónea para **transportar** a un afectado por *shock.*

10. **En caso de que un solo reanimador se ocupe de una RCP, ¿cuál debe ser la proporción entre insuflaciones y masajes?**

    De 30 masajes por cada 2 insuflaciones, al repetir el ciclo cuatro veces, comprobaremos si se han recuperado las constantes vitales.

Procesos de limpieza y puesta a punto de habitaciones y zonas comunes en alojamientos

Solucionario Capítulo 1

1. **¿Cuál de estos componentes de habitaciones y zonas comunes de suelos, paredes y techos son considerados materiales duros?**

   a. Moqueta, mármol y linóleo.
   b. Terrazo, gres cerámico, baldosas y azulejos.
   c. Gres cerámico, vinilo y corcho.
   d. Parqué, granito y pizarra.

2. **Complete el siguiente texto:**

   Existen **dos** tipos de agua, dependiendo de la cantidad de calcio y de **magnesio** que contenga, y son las siguientes:

   a. Aguas **duras**: poseen mucho calcio y magnesio. Por este motivo, forman **poca** espuma y es más difícil limpiar con ellas.
   b. Aguas **blandas**: casi no tienen **calcio** ni magnesio. Estas son más idóneas para la limpieza, ya que sí crean **espuma**.

3. **Rellene la siguiente tabla de la escala de pH de los productos con los datos que faltan:**

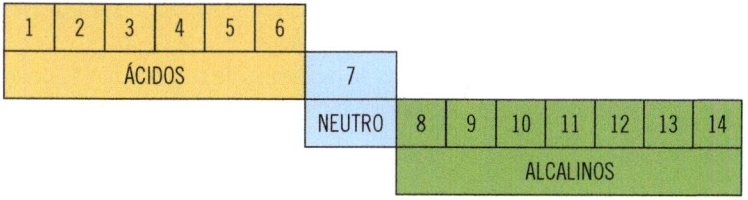

4. **¿Qué producto es una composición química a base de cloro en estado de oxidación?**

   a. La lejía.
   b. Los ambientadores.
   c. El champú para moquetas.
   d. El amoníaco.

5. **Relacione los siguientes productos con las superficies o elementos donde deba evitarse su uso:**

   a. Amoníaco
   b. Lejía
   c. Limpiador rico en ceras
   d. Desincrustante
   e. Limpiametales
   f. Limpiador pH neutro

   b. Moquetas o alfombras, ya que las descolora.
   d. Elementos compuestos por zinc, acero inoxidable o aluminio.
   e. Materiales de porcelana.
   a. Terrazo, parqué, madera o cualquier superficie que tenga un revestimiento (como una capa plastificada o barnizada).
   c. Materiales compuestos de metal, ya que no son porosos y dejan una capa grasa que no es absorbida.
   f. Materiales compuestos de madera, ya que este material es muy delicado, y solo se le aplicará sus productos específicos.

6. **Determine si las siguientes afirmaciones son verdaderas o falsas.**

   a. Un almacenamiento espontáneo y sin organizar de los productos de limpieza puede suponer un riesgo importante.

   ☑ **Verdadero**
   ☐ Falso

   b. Si los productos se encuentran en recipientes de gran tamaño, se pueden rellenar botellas más manejables con ellos para facilitar las tareas.

   ☐ Verdadero
   ☑ **Falso**

   c. Los elementos que ayudan a trabajar con seguridad se denominan EPI (equipo de protección individual).

   ☑ **Verdadero**
   ☐ Falso

d. En caso de intoxicación por ingestión de un producto, lo primero que debe hacerse es inducir el vómito.

☐ Verdadero
☑ **Falso**

7. ¿Qué máquinas se utilizan para la limpieza de moquetas y alfombras?

a. Máquinas de champuneado.
b. Barredoras.
c. Máquinas de inyección-extracción.
d. Las opciones a y c son correctas.

8. Coloque en el carro de limpieza de habitaciones los siguientes elementos:

▌ Ropa sucia
▌ Ropa limpia
▌ Saco de basura
▌ Cubo de fregona
▌ Productos de limpieza
▌ Dotaciones y folletos

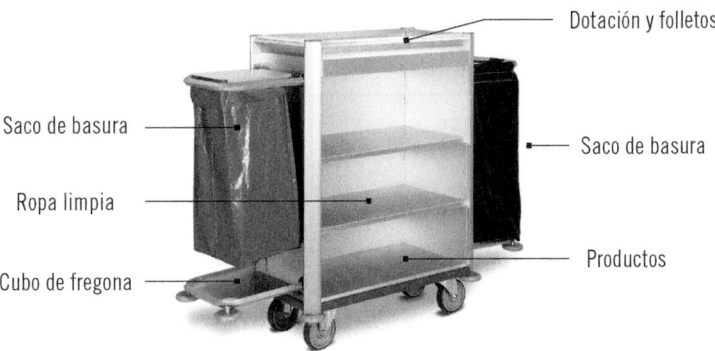

9. Rellene este cuadro escribiendo el nombre de la máquina a la que corresponden las siguientes definiciones:

1. Se trata de máquinas eléctricas que poseen un plato al que se le acoplan discos para realizar diferentes tratamientos a los suelos, como decapado o abrillantado.	**Rotativas**
2. Son máquinas que consisten en un bidón/ recipiente con un tubo para aspirar, donde al final se le acoplan distintas boquillas que se adaptan a zonas diferentes para facilitar el aspirado.	**Aspiradoras**
3. Aparatos que generan vapor de agua en su interior, al elevarla a altas temperaturas, de modo que, al presionar el botón, la boquilla inyecta el vapor de agua seco sobre la superficie que se quiera limpiar.	**Vaporetas**
4. Estas máquinas son una especie de aspiradoras, pero que, mediante una boquilla, inyecta a la superficie agua con jabón en el tejido, al tiempo que otra boquilla aspira esta agua junto a la suciedad.	**Máquinas de inyección-extracción**
5. Estas máquinas tienen la labor principal de fregar, pero también realizan tareas como las propias de una aspiradora de agua y polvo.	**Fregadoras**

10. ¿Qué procedimientos se usan en la búsqueda de información sobre proveedores?

a. Visitar páginas de internet.
b. Asistir a ferias especializadas.
c. Acudir a asociaciones profesionales.
d. Todas las opciones son correctas.

Solucionario Capítulo 2

1. **Haga una lista con los procesos de limpieza básicos estudiados en el capítulo.**

   Barrido, barrido húmedo, fregado, aspirado, desempolvado, decapado, abrillantado/cristalizado, champuneado de moquetas, aplicación de emulsiones con inyección-extracción y peinado de moquetas.

2. **Relacione las siguientes acciones con el equipo que se aplica para realizarlas:**

   a. Limpieza intensiva de una moqueta aplicándole un producto en forma de espuma.
   b. Decapado y abrillantado de una superficie.
   c. Limpieza de la suciedad adherida en un suelo mediante equipos mecánicos.
   d. Barrido húmedo.
   e. Limpieza de la suciedad adherida en un suelo mediante equipos manuales.
   f. Succión del polvo y residuos de una superficie.
   g. Retirada del polvo y la suciedad no adherida a la superficie.

   f. Aspiradora
   e. Fregona y cubo
   g. Barredora
   d. Mopa
   c. Fregadora
   a. Champuneadora
   b. Rotativa

3. **¿Qué tipo de limpieza de mantenimiento se le realiza a un suelo de mármol pulimentado?**

   a. Decapado.
   b. Abrillantado.
   c. Barrido húmedo.
   d. **Barrido húmedo y fregado cuando hay suciedad adherida.**

4. Redacte el proceso de limpieza de un mueble de madera barnizada.

▮ Limpiar el polvo con una bayeta.
▮ Aplicar el producto para madera con un trapo limpio y por todas las zonas. Dejar que el producto se seque.
▮ Volver a pasar una bayeta limpia cuando el producto esté seco.

5. Determine si los siguientes enunciados son verdaderos o falsos.

a. Un sofá tapizado en tela y un sofá de cuero se limpiarán aplicando el mismo material.

☐ Verdadero
☑ **Falso**

b. En la limpieza de un baño, hay que prestar especial atención a la grifería.

☑ **Verdadero**
☐ Falso

c. Las losas de una cocina se deben limpiar con amoníaco y lejía templada.

☐ Verdadero
☑ **Falso**

6. Establezca el orden en el que se realiza la limpieza:

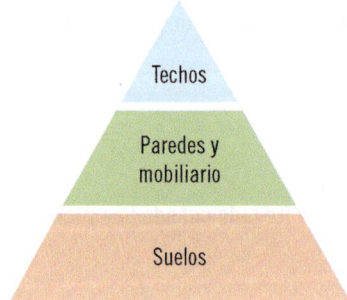

7. **Complete el siguiente texto:**

El procedimiento general que se lleva a cabo consta de las siguientes fases: los procesos deben ser **elaborados, comunicados** al personal, **ejecutados** por este y **controlados** por la persona responsable del departamento.

8. **Ponga las siguientes oraciones en orden:**

Para la realización de procesos de trabajo en el departamento de pisos, la persona responsable debe:

3. Conocer el material del que se dispone para la realización del proceso y organizarlo.

5. Redactar todo el proceso de manera coherente y clara para que el personal del departamento lo lleve a cabo con facilidad.

2. Determinar qué personas van a llevar a cabo dicho proceso.

4. Describir las tareas de las que se compone dicho proceso. Por ejemplo, barrer el suelo de la zona.

1. Identificar qué proceso va a elaborar, dotándolo de nombre y objetivos que se esperan con él.

9. **¿Qué instrumento es primordial para controlar y valorar la ejecución de los procesos?**

El *check-list*.

10. **¿Cuál de los siguientes procesos se realiza exclusivamente en el turno de tarde de un hotel?**

a. Limpieza de las habitaciones de salida.

b. Limpieza de las habitaciones de salida y de cliente.

c. Reposición de minibares.

d. Cobertura.

Solucionario Capítulo 3

1. **¿Cómo se llama la ley que regula en España la seguridad e higiene en el puesto de trabajo, es decir, la prevención de riesgos laborales?**

   Ley 31/1995, de 8 de noviembre, de Prevención de Riesgos Laborales.

2. **Relacione los siguientes puntos para crear opciones correctas:**

   a. Señal de obligación
   b. Situación de seguridad
   c. Señal de advertencia
   d. Material y equipos de lucha contra incendios
   e. Señal de salvamento o auxilio
   f. Señal de prohibición
   g. Peligro-alarma

   d, f y g. Rojo
   a. Azul
   b y e. Verde
   c. Amarillo o amarillo anaranjado

3. **Las señales con forma triangular, indican:**

   a. Prohibición u obligación.
   b. Salvamento o socorro.
   c. Prohibición.
   d. Advertencia.

4. Señale si los siguientes puntos se encuentran en el R. D. 486/1997.

	SÍ	NO
Condiciones constructivas	X	
Vías de circulación		X
Material y locales de primeros auxilios	X	
Instalaciones de servicio y protección	X	
Escalas fijas		X
Iluminación	X	
Condiciones de protección contra incendios		X

5. Complete el siguiente texto:

Las dimensiones mínimas que deben cumplir los espacios de trabajo son las siguientes:

a. La altura desde el suelo hasta el techo debe ser de **tres metros**. No obstante, en locales comerciales, de servicios, oficinas y despachos, la altura podrá reducirse a **dos metros y medio.**
b. Deben existir **dos metros cuadrados** de superficie libre por trabajador.
c. El volumen de superficie no ocupada por trabajador debe ser de **diez metros cúbicos.**

6. ¿Qué decreto establece las disposiciones mínimas de seguridad y salud en los lugares de trabajo?

a. Real Decreto 485/1997, de 1de abril.
b. Real Decreto 456/1997, de 14 de mayo.
c. **Real Decreto 486/1997, de 14 de abril.**
d. Real Decreto 488/1997, de 1de abril.

7. **Enumere, al menos, dos requisitos que deben reunir los locales de descanso del personal.**

- Los lugares de trabajo deben contar con agua potable.
- Habrá vestuarios de manera obligatoria siempre que los empleados tengan ropa especial de trabajo. Estarán equipados por duchas, lavabos e inodoros, además de armarios o taquillas individuales y asientos.
- Los locales de descanso deberán ajustarse a la proporción de empleados de la empresa, en este caso, el alojamiento.

8. **¿Por qué es tan importante la higiene en hospitales y clínicas?**

Para combatir las IRAS (infecciones relacionadas con la asistencia sanitaria).

9. **Complete los espacios con la pendiente máxima que corresponde a las siguientes rampas:**

a. De longitud menor a tres metros: **12 %.**
b. De longitud menor de diez metros: **10 %.**

10. **¿Qué elementos se utilizan para complementar los sistemas de seguridad de los equipos de trabajo?**

a. Tapones para los oídos.
b. Cascos y mascarillas.
c. **Los EPI (equipos de protección individual).**
d. Todas las opciones son incorrectas.

Solucionario 6
Procesos de lavado, planchado y arreglo de ropa en alojamientos

Solucionario Capítulo 1

1. De las siguientes frases indique cuál es verdadera o falsa:

   a. La lejía afecta principalmente a las fibras de celulosa, algodón y lino.

      ☑ **Verdadero**
      ☐ Falso

   b. Lavandería, según su estructura, podrá ser vertical, diagonal y mixta.

      ☐ Verdadero
      ☑ **Falso**

   c. La tolva se utiliza para reponer los jabones en los sistemas de lavados continuos en las lavanderías con estructura vertical.

      ☐ Verdadero
      ☑ **Falso**

2. ¿Cuál es la finalidad de una lavandería?

   a. Gestionar el departamento de pisos.
   b. **Conseguir el mejor resultado en la ropa, buscando la perdurabilidad de la misma, confort y calidad.**
   c. Exclusivamente atender el servicio de ropas de clientes.
   d. Todas las opciones son correctas.

3. El principio de "marcha adelante" consiste en:

   a. Seguir un orden ideal y lógico para que las ropas limpias y sucias se crucen y evitar la contaminación.
   b. **Seguir un orden ideal y lógico para que las ropas limpias y sucias no se crucen y evitar la contaminación.**
   c. Es la forma en que el/la gobernante/a canta la comanda a cocina, evitando que se crucen los platos.
   d. Las opciones a y c son correctas.

4. ¿Qué altura deberá tener, como mínimo, el techo en la sección de lavado con transporte aéreo?

    a. 8 m
    b. 6,5 m
    c. 7 m
    d. 2,5 m

5. Establezca el orden por el que se llevan a cabo los siguientes pasos en lavandería:

    <u>6.</u> Planchado
    <u>2.</u> Pesado
    <u>4.</u> Lavado
    <u>3.</u> Clasificación
    <u>1.</u> Recepción
    <u>5.</u> Secado

6. Según el círculo Sinner, debe haber un equilibrio entre varios factores para realizar eficazmente una limpieza. ¿De qué factores o acciones se trata?

La acción mecánica, química, temperatura y el tiempo.

7. ¿Qué es el peróxido de hidrógeno?

También llamado agua oxigenada, es un oxidante que actúa por liberación de oxígeno, atacando las manchas, pero con el beneficio de que apenas se deterioran los tejidos.

8. **Una las siguientes definiciones con el nombre que le corresponde.**

   a. Son máquinas cuya función es eliminar toda el agua de la ropa que acaba de salir de la lavadora.

   b. Su función principal es reducir la tensión superficial del agua en las prendas.

   c. Sustancias que se añaden al detergente con el fin de mejorar el aspecto, color, aroma, etc.

   d. Muebles o encimeras que disponen de diferentes huecos para ir depositando la ropa una vez clasificada.

   e. Es un derivado del cloro, utilizado para el blanqueo de fibras sintéticas y celulósicas en medio con ácido acético como protector.

   b. Tensioactivo.

   c. Aditivo.

   a. Centrifugadora.

   d. Mesa clasificadora.

   e. Clorito sódico.

9. **¿La lejía es un desinfectante que, mezclada con amoníaco, es más eficaz? Justifique su respuesta.**

   No, al mezclar ambas sustancias se lleva a cabo una reacción química que da lugar a un nuevo compuesto conocido como cloramina y que es liberado como gas. Esta sustancia mezclada fue usada como arma química durante la Primera Guerra Mundial. Es muy tóxica e incluso mortal.

10. **¿Qué indica un grado de pH en el agua superior a 8?**

    Los detergentes utilizados para el lavado de ropa son de tipo sintético y normalmente se utiliza un pH neutro (entre 6 y 8) para así proteger las fibras. Un pH entre 0 y 6 es ácido y entre 8 y 14 alcalino.

Solucionario Capítulo 2

1. ¿Por qué se planchan las ropas en una lavandería?

    a. Para que se desinfecten, aunque no se consiga quitar las arrugas.
    b. Para apagar los colores y que no destiñan.
    c. Para eliminar las arrugas y humedad de las prendas.
    d. Todas las opciones son incorrectas.

2. Dentro de los equipos de una lavandería, se encuentra la:

    a. Secadora.
    b. Salamandra.
    c. Calandra.
    d. Las opciones a y c son correctas.

3. La máquina plegadora se utiliza para:

    a. Empaquetar las ropas.
    b. Barrer y despejar los pasillos de la sección de planchado.
    c. Doblar las prendas.
    d. Arreglar las prendas desgastadas y deterioradas.

4. Relacione las siguientes maquinarias y equipos con el tipo de ropa a planchar:

    a. Maniquí.
    b. Calandra.
    c. Prensa.
    d. Plancha manual.

    a, c y d. Ropa de forma
    b, d. Ropa de línea

5. Para facilitar la tarea de planchado es aconsejable que la ropa lavada se encuentre:

    a. Ligeramente húmeda.
    b. Totalmente seca.
    c. Muy húmeda.
    d. Todas las opciones son correctas.

6. ¿Cuál es la forma más correcta de planchar la lana?

    a. Se plancha por el derecho y con la temperatura de la plancha muy alta.
    b. Se coloca la prenda al revés, se sobrepone un paño húmedo y se plancha sin apretar.
    c. No se puede planchar; hay que dejar la prenda muy húmeda y esperar a que se seque en una percha.
    d. Se coloca la prenda al revés, se sobrepone un paño húmedo y se plancha a gran temperatura y presionando con firmeza.

7. ¿Por qué la ropa debe estar bien seca antes de doblarse?

    a. Para eliminar las arrugas por completo sin necesidad de plancharla.
    b. Para conseguir mantener los colores vivos de los tejidos.
    c. Para evitar que la humedad genere moho en las prendas.
    d. Para que la ropa no genere olor a humedad.

8. ¿En qué normativa se recoge la Ley de Prevención de Riesgos Laborales?

    a. Constitución española.
    b. R. D. 486/1997, de 14 de abril.
    c. Ley 31/1995, de 8 de noviembre.
    d. R. D. 487/1997, de 14 de abril.

9. ¿Por qué los almacenes destinados a guardar las ropas limpias y planchadas deben estar en perfecto estado de limpieza y desinfección?

Los almacenes deberán estar perfectamente ordenados, clasificados, limpios y desinfectados, y se asegurará una limpieza y desinfección periódica, con el fin de que no haya posibilidad de contaminación de las ropas ya limpias y procesadas.

10. **¿Cómo se pueden limpiar las manchas de restos de tela quemada que se han que-dado en la placa de una plancha?**

Para limpiar las manchas de telas quemadas que quedan pegadas en la base o placa de la plancha, se frotará una vela sobre un papel de estraza y sobre la mancha con la plancha aún caliente. Otra forma sería aplicar vinagre con un trapo limpio sobre la base o placa de la plancha.

Solucionario Capítulo 3

1. De las siguientes frases, indique cuál es verdadera o falsa:

    a. Las tijeras dentadas son las que dejan un extremo en zigzag en la tela cortada, consiguiendo que la tela no se deshilache.

        ☑ **Verdadero**
        ☐ Falso

    b. La medida estándar de una cinta métrica es de 20 cm.

        ☐ Verdadero
        ☑ **Falso**

2. Relacione las siguientes puntadas con sus características.

    a. Sobrehilar.
    b. Rematar.
    c. Coser botones.
    d. Punto escapulario.
    e. Punto de bastilla.

    <u>e.</u> Consiste en insertar la tela cada dos centímetros, agarrando varias puntadas al mismo tiempo. Una vez finalizado, se procede a cortar el hilo y a hacer un nudo, para poder fruncir la tela al gusto deseado y con cuidado de no romper el hilo. Esta técnica es conocida como rizo o frunce.

    <u>d.</u> Se realiza para hacer dobladillos en telas gruesas que tienen poca tendencia a deshilacharse. Son puntadas pequeñas y discretas para que no se aprecien en el exterior de la tela.

    <u>a.</u> Se pasa el hilo por el borde de la tela cortada para evitar que se deshilache mientras se cose, ya que algunas telas se deshilachan cuando se cortan.

    <u>c.</u> Consiste en coser botones a las prendas. Existen distintos tipos de botones, como los de dos o cuatro agujeros, los de camisa o los que se cosen por detrás. Se realiza haciendo un doblez por el borde de la tela, luego se da puntadas largas, pero solo se notará un puntito en el lado exterior de la tela.

    <u>b.</u> Una vez se ha terminado la costura, se procede a dar dos o tres puntadas pequeñas en el mismo sitio para que esta no se deshaga.

3. **Las agujas para la costura a mano se enumeran del 1 al 12, siendo:**

    a. Las del n.º 2 las más finas.
    b. Las del n.º 11 las más gruesas.
    c. Las del n.º 12 las más gruesas y las del n.º 1 las más finas.
    d. Todas las opciones son correctas.

4. **En cumplimiento de la Ley 31/1995, de 8 de noviembre, el empresario garantizará...**

    a. ... el pago de la nómina antes del día último de mes.
    b. ... la seguridad y la salud de los trabajadores a su servicio en todos los aspectos relacionados con el trabajo.
    c. ... la seguridad y la salud de los trabajadores en su tiempo libre.
    d. Todas las opciones son correctas.

5. **¿Qué significa cortar al bies?**

    a. Cortar la pieza de tela a contrahilo. Se usa para rematar cuellos y sisas.
    b. Cortar la pieza de tela en sentido vertical. Se emplea para rematar cuellos y sisas.
    c. Cortar la pieza de tela en sentido diagonal. Se utiliza para rematar cuellos y sisas.
    d. Cortar la pieza de tela en sentido horizontal. Se usa para rematar cuellos y sisas.

6. **¿Qué se debe tener en cuenta a la hora de confeccionar una prenda?**

A la hora de elegir las medidas, hay que tener en cuenta una serie de pautas, ya que, dependiendo del tipo de tela y su grosor, las prendas suelen encoger bastante en los procesos de lavado, secado y planchado. Entonces, para elegir correctamente el ancho de la tela, se han de tener en cuenta el posible encogido de la ropa, lo que ocupan los dobladillos y la calidad de la tela.

7. **¿Por qué tienen prioridad las ropas de los clientes que solicitan el servicio de arreglos?**

Este servicio, además de generar ingresos, proporcionará al cliente un servicio eficiente, acercándose un poco más a sus expectativas y consiguiendo que el hotel sea más competitivo en el mercado.

8. **¿Qué diferencia hay entre hilo de algodón y el hilo mercerizado?**

Los hilos mercerizados son hilos de algodón tratados, y reciben un acabado brillante. Los hilos de algodón son el resto de hilos de fibra de algodón.

9. **¿Cómo se deshace una costura?**

    a. Con tijeras pequeñas de hojas muy afiladas y con punta.
    b. Con un abreojal.
    c. Con un alfiler bajo la puntada para levantarla y cortarla con tijeras.
    d. **Todas las opciones son correctas.**

10. **¿Cómo se procederá a confeccionar un paño de cocina suponiendo que las medidas solicitadas son de 60×60?**

Se habrá de tener en cuenta que, para el ancho, se calculará 60 cm + 2 cm de dobladillo (1×2) + 2 cm de posible encogimiento; y para el largo, se calculará 60 cm + 2 cm de dobladillo (1×2) + 2 cm de posible encogimiento.

Conociendo este patrón, se podrá saber que, antes de empezar a confeccionar, la pieza utilizada deberá medir, como mínimo, 64×64 cm.

Solucionario 7
Decoración y ambientación en habitaciones y zonas comunes en alojamientos

Solucionario Capítulo 1

1. **De las siguientes frases, indique cuál es verdadera o falsa.**

    a. La tipología de los establecimientos, el tipo de cliente, la ubicación del establecimiento o la pertenencia a una cadena hotelera no suelen influir en el tipo de mobiliario. Es solo decisión de la gobernanta/gobernante.

        ☐ Verdadero
        ☑ **Falso**

    b. La cama *king* size tiene las siguientes medidas: 200 cm de ancho por 200 cm de largo.

        ☑ **Verdadero**
        ☐ Falso

2. **Los armarios que se suelen instalar en los establecimientos alojativos...**

    a. ... no suelen ser empotrados, ya que este tipo de armarios permite aprovechar menos el espacio disponible.
    b. ... no tienen zona inferior para la colocación de los zapatos.
    c. ... los altillos suelen dejarse vacíos para que el cliente coloque las maletas.
    d. Todas las opciones son incorrectas.

3. **El establecimiento alojativo que se caracteriza por tener mobiliario de madera maciza y líneas robustas es el...**

    a. ... apartamento.
    b. ... hotel rural.
    c. ... hotel de ciudad.
    d. ... hotel *boutique*.

4. Complete las siguientes oraciones:

a. La pieza de mobiliario que suele situarse próxima a la mesa auxiliar y dispone de una plaza para que el huésped se acomode se llama **butaca.**

b. El **baño** no forma parte del mobiliario, pero sí del equipamiento que conforma la unidad alojativa.

5. Relacione los siguientes elementos con la explicación correcta:

a. La madera.
b. El vinilo.
c. La cerámica.

c. Las baldosas pueden estar hechas a mano o a máquina, y cuanto más vitrificadas estén, mayor impermeabilización presentarán.

a. Aporta calidad y elegancia a los ambientes. Es un revestimiento muy habitual en entornos rurales.

b. Es un material compuesto básicamente de PVC. Es el más económico de los suelos.

6. Determine si las siguientes oraciones son verdaderas o falsas.

a. La categoría del hotel variará los elementos decorativos y sus calidades.

☑ **Verdadero**
☐ Falso

b. La tendencia actual en alojamientos hoteleros es realizar las mismas decoraciones para los hoteles de una misma cadena.

☐ Verdadero
☑ **Falso**

7. ¿Qué mobiliario se utiliza para los establecimientos alojativos rurales?

Destaca el mobiliario realizado mediante técnicas artesanales. Se adaptan a la perfección los sillones orejeros, los escritorios, las mecedoras, etc.

8. **¿Qué ventajas ofrece el microcemento?**

Ofrece muchas ventajas, pero las principales serían que no se quiebra ante los golpes y que es un material impermeable y muy resistente a las manchas.

9. **¿Cómo se limpian las moquetas de lana y nailon?**

Para limpiarlas es suficiente con pasarles periódicamente el aspirador. Aunque, una vez al año, es conveniente limpiarlas con detergente líquido. También hay empresas especializadas en la limpieza de este revestimiento.

10. **Relacione los siguientes elementos con la explicación correcta:**

　　a. Cortina visillo.
　　b. Cortina estor.
　　c. Cortina veneciana.

　　b. Son cortinas que se despliegan verticalmente. Se confeccionan en varios tejidos: algodón, PVC o madera.
　　a. Son cortinas de tela fina que permiten el paso de la luz. Los tejidos que se utilizan son el hilo y el lino.
　　c. Son cortinas fabricadas con lamas de aluminio o de madera.

Solucionario Capítulo 2

1. **De las siguientes frases, indique cuál es verdadera o falsa.**

   a. En las habitaciones y zonas comunes del establecimiento, aparte del mobiliario, se utilizan también elementos decorativos como arreglos florales, lámparas o cuadros.

      ☑ **Verdadero**
      ☐ Falso

   b. El estilo minimalista se caracteriza por el colorido de la decoración y por la utilización de materiales como el hierro.

      ☐ Verdadero
      ☑ **Falso**

2. **¿Qué hay que tener en cuenta en la ambientación musical?**

   a. El horario.
   b. La renovación.
   c. La calidad.
   d. **Todas las opciones son correctas.**

3. **Existen varios tipos de iluminación:**

   a. **Iluminación general, decorativa, de ambiente y puntual.**
   b. Iluminación por leds, de ambiente, puntual y decorativa.
   c. Iluminación decorativa, de ambiente, puntual y halógena.
   d. Todas las opciones son incorrectas.

4. **Complete las siguientes oraciones.**

   a. Los tonos **neutros** van desde el blanco hasta el negro azabache.
   b. Para disimular un pasillo muy largo se pintan las paredes de colores **claros** y el fondo de color **oscuro**.

5. **Relacione los siguientes elementos con la explicación correcta:**

   a. El color negro.
   b. El color rosa.
   c. El color blanco.

   c. Representa la pureza y la inocencia.
   a. Es un color que absorbe toda la luz.
   b. Simboliza la maternidad y la infancia.

6. **Relacione los siguientes elementos con la explicación correcta:**

   a. Técnica del estuco veneciano.
   b. Técnica del marmoleado.
   c. Técnica de la aguada de color.

   b. Consiste en un veteado fino que se realiza con pinturas y barnices pigmentados.
   a. Consiste en añadir al yeso pigmentos, polvo de mármol y un aglutinante.
   c. Consiste en una película semitransparente diluida en agua.

7. **Responda sí o no en las siguientes cuestiones:**

   a. ¿La podadora es una herramienta básica para la realización de arreglos florales? **NO**
   b. ¿En los arreglos frutales se pueden mezclar frutas con flores? **SÍ**

8. **Defina los siguientes conceptos: lámpara incandescente y lámpara fluorescente.**

   ▮ Lámparas incandescentes: estas lámparas son utilizadas para la iluminación decorativa de interiores; destacan por su bajo coste y su buena reproducción del color, ya que intensifican los colores cálidos y atenúan los fríos. No obstante, poco a poco se van sustituyendo por las lámparas halógenas. Están formadas por un filamento que lleva gas, la iluminación se produce por el calentamiento de este filamento. No es recomendable usarlas en espacios donde sean necesarios altos niveles de iluminación o donde vayan a estar mucho tiempo encendidas.
   ▮ Lámparas fluorescentes: fueron originalmente diseñadas para sustituir a las incandescentes. En ellas, hay tubos de forma curvada y solo tienen

un casquillo. Se recomienda su utilización en interiores y para un uso prolongado de encendido.

9. **Enumere y describa los materiales básicos que se utilizan para realizar un arreglo floral.**

- Esponja verde (oasis): cumple una función de soporte, en ella se pinchan las hojas y las flores. Hay que empaparla en agua y colocarla en la base del recipiente.
- Clavo de florista: se utiliza para asegurar la fijación de la esponja verde al recipiente a través de masilla o arcilla adhesiva.
- Varillas de alambre: las de alambre delgado, por ejemplo, son las más apropiadas para utilizarlas de sostén para rosas, y los que son un poco más gruesos sirven para introducirlas dentro de los tallos huecos de las flores.
- Cinta de gutapercha: la gutapercha es una sustancia gomosa. La cinta se utiliza para disimular los alambres.
- Musgo: se emplea por necesidad estética, así se evita que se vea la esponja mojada.
- Cortarrente: es una herramienta muy necesaria para cortar los alambres.
- Tijera de florista: utilizada para cortar los tallos más delgados. Tiene que estar bien afilada.
- Cuchillo: es conveniente para afinar los tallos y para realizar perforaciones en las esponjas.
- Pulverizadores: estos se llenan de agua para mantener las flores frescas.
- Cubos: sirven para mantener las flores en agua.
- Brillo en espray: da un acabado profesional a las composiciones florales.

10. **¿Qué colores y tipos de flores son los más utilizados para la decoración floral de una boda?**

Los colores más utilizados para los arreglos florales de las bodas son prioritariamente el blanco y los tonos pastel. Destacando la utilización de las rosas, las orquídeas, las hortensias, los lirios o los gladiolos.

Procesos de gestión de departamentos del área de alojamiento

Solucionario Capítulo 1

1. **De las siguientes frases, indique cuál es verdadera o falsa.**

    a. La planificación implica aumentar la incertidumbre.

        ☐ Verdadero
        ☑ **Falso**

    b. La planificación debe basarse tanto en las previsiones de su medio interno como externo.

        ☑ **Verdadero**
        ☐ Falso

    c. Vender con descuento es una estrategia.

        ☑ **Verdadero**
        ☐ Falso

    d. No contratar a personal casado es una norma.

        ☐ Verdadero
        ☑ **Falso**

    e. Toda planificación solo debe responder a dónde queremos llegar.

        ☐ Verdadero
        ☑ **Falso**

2. **Complete las siguientes oraciones.**

    a. La planificación, supone adelantarse y prever **el futuro,** como medio de toma de decisiones, seleccionando, entre una serie de alternativas **los objetivos,** los programas, los presupuestos y directrices del hotel, diseñando **un plan** idóneo para conseguir **los fines** que se han establecido.

b. Los objetivos son el aspecto **práctico** o concreto de los planes, es decir, cómo la empresa pretende alcanzar lo propuesto. Por lo tanto, deben presentarse de forma **operativa.**

c. Uno de los pasos del proceso de control es detectar las posibles **desviaciones** producidas y analizar los **motivos** que la han originado. Y poner, en caso de que fuera necesario, en marcha las acciones **correctivas.**

3. **¿Qué tipos de planes existen si se formulan para toda la organización o no? Descríbalos brevemente.**

Estratégicos, que se aplican a toda la empresa, y los operacionales u operativos, que son los planes que cada área funcional de la empresa desarrolla.

4. **Enumere brevemente las fases del proceso de planificación.**

   I Determinar y concretar los objetivos.
   I Establecer las políticas y estrategias
   I Establecer los procedimientos, métodos, normas y programas.
   I Determinar el presupuesto y los recursos humanos y materiales que se van a necesitar.
   I Establecer medidas para identificar, controlar y corregir posibles desviaciones.

5. **Relacione los siguientes elementos.**

   a. Vender sin descuentos.
   b. Prohibido fumar.
   c. Aumento de las ventas.
   d. Tramitación de pedidos.
   e. Penetrar en el mercado con precios altos.

   c. Objetivo.
   a. Política.
   e. Estrategia.
   d. Procedimiento.
   b. Norma.

Solucionario Capítulo 2

1. De las siguientes frases, indique cuál es verdadera o falsa.

    a. En la empresas, en primer lugar, se presupuesta, luego se planifica y por último se controla.

        ☐ Verdadero
        ☑ **Falso**

    b. Las etapas de la gestión presupuestaria son: previsión, presupuestos y control.

        ☑ **Verdadero**
        ☐ Falso

    c. El presupuesto es la etapa donde se comparan los registros y anotaciones que se han ido realizando

        ☐ Verdadero
        ☑ **Falso**

2. Señale la opción correcta.

    a. Son objetivos de la gestión presupuestaria prever lo que se cree que sucederá en el ejercicio venidero.
    b. Son objetivos de la gestión presupuestaria mejorar la coordinación inter-departamental.
    c. **Son objetivos de la gestión presupuestaria dar un mayor uso de los recursos.**

3. Seleccione la opción correcta.

    a. Los dispositivos de control deben aplicarse antes del desarrollo del presupuesto.
    b. **Los dispositivos de control deben aplicarse durante el desarrollo del presupuesto.**

c. Los dispositivos de control deben aplicarse al finalizar el desarrollo del presupuesto.

4. Relacione los siguientes elementos.

a. Costes totales más beneficio.
b. Ingresos igual a costes totales.
c. Precio que no cubre los costes.

c. Precio de contribución al beneficio.
b. Precio mínimo.
a. Precio base.

5. Complete las siguientes oraciones:

a. La gestión presupuestaria se define como la actividad de la **dirección** de una empresa o administración dedicada a determinar en volumen y **en valor** las previsiones de actividad de la organización en el plazo de **un año.**

b. A través de los diversos **presupuestos** que debe confeccionar la empresa, la dirección obtiene un informe **anticipado,** que le sirven para confiar autoridad y a la vez responsabilidad a niveles inferiores del organigrama, además de ser un excelente **sistema de control** de cada una de esas unidades.

c. El intervalo entre dos **observaciones** no debe ser tan largo que no permita tomar a tiempo las oportunas **medidas correctoras,** ni tan corto que el sistema atienda a desviaciones **no significativas** y resulte innecesaria-mente costoso.

6. ¿Qué objetivos persigue la gestión presupuestaria?

a. Prever lo que se cree que sucederá en el ejercicio venidero.
b. Prever los acontecimientos a través de información de ejercicios pasados.
c. Exponer los objetivos empresariales.
d. Marcar estándares de medición.
e. Mejorar la coordinación interdepartamental.
f. Enseñar al equipo humano a trabajar en común en busca de los objetivos.
g. Dar un uso racional a los recursos

7. Enumere y describa brevemente las fases del ciclo presupuestario.

1. Fase de elaboración donde se elaboran los presupuestos para un ejercicio contable.
2. Fase de aprobación donde la dirección de la empresa aprueba los presupuestos presentados por los diferentes departamentos.
3. Fase de ejecución en la que los diferentes departamentos deberán cumplir y aplicar todos los propósitos y previsiones.
4. Fase de control en la cual se verifica si se está cumpliendo lo establecido.

8. ¿Cuáles son los principales presupuestos de explotación?

a. Presupuesto de ingresos.
b. Presupuesto de gastos.
c. Presupuesto de tesorería.
d. Presupuesto de mano de obra, tiempo, material, etc.

9. Un hotel de 100 habitaciones tiene la siguiente situación:

Costes fijos diarios = 3.000 €
Costes variables = 30 % de los ingresos
Porcentaje de ocupación previsto = 80 %

Calcule el precio mínimo o punto muerto.

$I = CT$
$I = Cf + Cv$
Precio unitario x 80 = 3.000 + Precio unitario x 80 x 30 %
80 x P = 3.000 + 24 x P
P (80 − 24) = 3.000
P = 3.000/56
P = 53,57 €

Con un precio de 53,57 € por habitación y una ocupación del 80 %, el hotel obtiene un beneficio nulo.

10. Un hotel dispone de 150 habitaciones, distribuidas en 120 dobles, 20 individuales y 10 dobles con salón y con unos precios de 100 €, 90 € y 150 €. Calcule el *Yield Management* sabiendo que hemos tenido una ocupación del 80 % y una facturación de 10.650 €.

Habitaciones vendidas: 150 x 80 %= 120
Habitaciones máximas: 150
Precio medio ventas: 10.650/120 = 88,75 €

Precio medio potencial:

$$(120 \times 100) + (20 \times 90) + (10 \times 150)/150 = 102 \text{ €}$$

El *Yield* es:

$$120/150 \times 88,75/102 = 69,6 \text{ %}$$

Solucionario Capítulo 3

1. **Relacione los siguientes elementos.**

    a. Crédito Comercial.
    b. Remanentes.
    c. Crédito turístico.
    d. Empréstitos.

    <u>**b.**</u> Fuentes de financiación propia.
    <u>**d.**</u> Recursos financieros ajenos a medio y largo plazo.
    <u>**a.**</u> Recursos financieros ajenos a corto plazo.
    <u>**c.**</u> Formas especiales de financiación.

2. **Indique si la siguiente frase es verdadera o falsa.**

La rentabilidad de las inversiones de una empresa debe ser menor al interés pagado por las deudas contraídas para acometer tales inversiones.

    ☐ Verdadero
    ☑ **Falso**

3. **¿Qué diferencia existe entre los métodos de selección de inversiones estáticos y dinámicos?**

Los métodos estáticos no tienen en cuenta que los capitales tengan distinto valor en diferentes períodos de tiempo, mientras que los dinámicos sí.

4. **Seleccione la opción correcta.**

    a. Las fuentes de financiación internas son recursos no exigibles por terceros.
    b. **Las fuentes de financiación internas son recursos que han sido generados por la empresa y no distribuidos.**
    c. Las fuentes de financiación internas son aportados por los propietarios o terceros.

5. El *leasing* es:

    a. Un servicio que se contrata con una entidad financiera para adelantar el pago a los proveedores.

    b. Un contrato de alquiler sin opción a compra.

    c. Un contrato de alquiler con opción a compra.

6. ¿Qué ventajas ofrecen las fuentes de financiación propia?

    a. Permiten la autonomía financiera.

    b. Son una fuente de financiación sin coste adicional.

    c. Aumentan la capacidad de endeudamiento, ya que la empresa es más solvente.

7. Señale la opción incorrecta.

Antes de proceder a la elección de las fuentes de financiación, la empresa debe plantearse...

    a. ... qué cantidad de fondos disponibles posee.

    b. ... los costes derivados de cada alternativa de financiación.

    c. ... qué inversiones realizan las empresas de la competencia.

8. ¿Qué características esenciales deben presidir una inversión?

Liquidez, rentabilidad y seguridad.

9. ¿Con qué aplicación informática se pueden calcular los indicadores *Pay Back* o PRI, VAN y TIR?

Con *Microsoft Excel.*

10. De entre los dos proyectos propuestos, A y B, ¿cuál es el más conveniente según el plazo de recuperación?

PROYECTOS	Desembolso inicial	Flujo de fondos en el año				
		1	2	3	4	5
Proyecto A	-15	10	5			
Proyecto B	-15	10	2	9		

Se elegiría el Proyecto A, ya que tiene un plazo de recuperación del desembolso inicial inferior, 2 años, a diferencia del Proyecto B que serían 3 años.

Solucionario Capítulo 4

1. Relacione los siguientes elementos:

    a. Coste
    b. Pago
    c. Gasto
    d. Inversión

    b. Supone una salida de dinero.
    d. Se refiere a la adquisición de elementos necesarios para el desarrollo de la actividad.
    c. Es un concepto del ámbito externo.
    a. Es un concepto del ámbito interno.

2. Un hotel tiene 100 habitaciones. El precio de la habitación es de 10 unidades monetarias, sus costes fijos son de 300 unidades monetarias y el coste variable unitario es de 5 unidades monetarias. ¿Qué cantidad de habitaciones como mínimo deberá vender para encontrar el punto de equilibrio?

    ▪ PM = CF/p-CVu
    ▪ PM = 300/10- 5
    ▪ PM = 60 unidades como mínimo debería vender.

3. ¿Es lo mismo productividad que producción? Razone su respuesta.

No es lo mismo. Producción es la actividad de producir y productividad se refiere al uso óptimo que se le están dando a los recursos en una producción.

4. Complete:

    a. Los costes fijos, también denominados de **estructura y generales,** son en los que incurre la empresa con **independencia** de su producción.

    b. El método de las secciones homogéneas pretende racionalizar los **criterios subjetivos,** a través de la división de los diferentes **departamentos** de la empresa en secciones homogéneas.

c. El punto de equilibrio es aquella cifra de **ventas** en que la empresa cubre únicamente sus **gastos** con la cifra de ventas, y por tanto no obtiene ni **beneficios** ni sufre **pérdidas**.

5. **Calcule las existencias finales y su valor al día 15 de marzo del año XXXX con el Método Precio Medio Ponderado, sabiendo que se han producido las siguientes entradas y salidas del almacén del artículo "Filetes de lenguado congelado". El inventario inicial a 1 de enero del año XXXX, es de 500 pociones a 5 € cada una.**

Movimiento de almacén frigorífico:

I Día 15-01: salen de cocina 100 unidades.
I Día 31-01: salen de cocina 300 unidades.
I Día 02-02: entran en el almacén congelador 500 unidades a 4 €/unidad.
I Día 15-02: salen de cocina 300 unidades.
I Día 28-02: salen a cafetería 220 unidades.
I Día 01-03: entran en el almacén congelador 700 unidades a 5,50 €/unidad.
I Día 15-03: salen a cocina 300 unidades.

	Unidades	Valor/unidad	Valor Total
Existencias iniciales	500	5 €	2.500 €
Salidas enero	- 400	5 €	2.000 €
Disponibles	100	5 €	500 €
Entradas 02/02	500	4 €	2.000 €
Disponibles	600	4,5 €	2.700 €
Salidas febrero	- 520	4,5 €	2.340 €
Disponibles	80	4,5 €	360 €
Entradas 01/03	700	5,5 €	3.850 €
Disponibles	780	5 €	3.900 €
Salidas 15/03	- 300	5 €	1.500 €
Existencias finales 15/03	480	5 €	2.400 €

6. **¿Qué dos métodos de cálculo de costes existen? Descríbalos brevemente.**

El Método de *full-cost* o del coste pleno total, que considera los costes directos y una parte proporcional de los costes fijos o indirectos.

Y el Método *direct-costing* o coste proporcional o coste marginal, que sólo tiene en cuenta los costes asignables (directos) que además sean variables.

7. **La rentabilidad...**

    a. ... es la diferencia resultante entre la cifra de ingresos alcanzada y el coste de los productos o servicios vendidos.

    b. ... es la pérdida o beneficio obtenido por la empresa en un tiempo determinado.

    c. **... estudia la óptima utilización de los recursos.**

8. **Los Costes variables son:**

    a. **Los que varían con el nivel de producción.**

    b. Aquellos en que incurre la empresa con independencia de su nivel de producción.

    c. Los que fácilmente se pueden asignar o imputar a un determinado producto o departamento.

9. **En el Método FIFO se valoran las salidas...**

    a. ... al precio de las últimas unidades en entrar al almacén.

    b. ... por el precio medio ponderado del total de las existencias en almacén.

    c. **... al precio de las unidades más antiguas del almacén.**

10. El *snack-bar* del Hotel Marina tiene una capacidad máxima de 160 clientes diarios y está abierto durante 364 días al año. Se calcula que el año próximo va a trabajar por término medio a un 70 % de su capacidad y que el precio medio de las comidas va a ser de 20 €. Los costes de mano de obra supondrán un 25 % de los ingresos y los gastos variables el 15 %, el coste de los alimentos el 40 % y los gastos fijos 72.000 €. Calcule el Beneficio antes de impuestos (BAT) previsto para el año.

160 x 70 % = 112 clientes diarios
Ingresos = (112 x 20 €) x 364 días = 815.360 €
Coste mano de obra (25 %Ventas) = 203.840 €
Gastos fijos = 72.000 €
Alimentos (40 % Ventas) = 326.144 €
Gastos variables (15 % Ventas) = 112.304 €
Costes Totales = 642.288 €

$$BAT = 815.360 - 642.288 = 173.072 \ €$$

11. Diga si es verdadera o falsa la siguiente afirmación:

Toda empresa bien gestionada debe procurar que los gastos fijos sean los menos posibles y aumentar la importancia y el volumen de los costes variables, ya que los costes variables existirán siempre y cuando haya una producción que los necesite.

☑ **Verdadero**
☐ Falso

12. El análisis económico de un hotel arroja los siguientes datos:

Año 1:

- Ventas 1.000.000 € (p = 50 € x q = 20.000)
- CV = 300.000 € (CVu = 15 x q = 20.000)
- CF = 500.000 €

Año 2:

- Ventas 2.000.000 € (p = 50 € x q = 40.000)
- CV = 600.000 € (CVu = 15 x 40.000)
- CF = 500.000 €

Calcule el beneficio obtenido cada año y estudie su apalancamiento operativo.

Apalancamiento operativo =
[(BAIT2 − BAIT1)/ BAIT1] / [(Ventas2 − Ventas1)/ Ventas1]

Apalancamiento operativo = [(900.000 − 200.000)/200.000]/[(2.000.000 − 1.000.000)/1.000.000]

Apalancamiento operativo = 3,5

Año 1	Año 2
Ventas 1.000.000 €	Ventas 2.000.000 €
- CV → 300.000 €	- CV → 600.000 €
MCV = 700.000 €	MCV = 1.400.000 €
- CF = 500.000 €	- CF = 500.000 €
BAIT = 200.000 €	BAIT = 900.000 €

Lo que quiere decir que los beneficios han aumentado un 350 % con respecto a la cifra de ventas.

Solucionario Capítulo 5

1. ¿Cuál es la definición de establecimiento de alojamiento turístico?

Los establecimientos de alojamiento turístico se definen como aquel tipo de establecimiento que facilita alojamiento, de forma habitual y profesional, con o sin otros servicios complementarios, que está sujeto a clasificación y que, además de tener publicados los precios, percibe dinero en contraprestación por los servicios que presta.

2. De las siguientes frases, indique cuál es verdadera o falsa.

    a. Los apartamentos turísticos son establecimientos de alojamiento turístico hotelero.

        ☐ Verdadero
        ☑ **Falso**

    b. Los campamentos de turismo pueden ser de lujo, primera, segunda y tercera categoría.

        ☑ **Verdadero**
        ☐ Falso

    c. La forma de representar gráfica y esquemáticamente la departamentalización de una empresa es lo que se conoce como organigrama.

        ☑ **Verdadero**
        ☐ Falso

    d. El documento en el que se especifican cuantitativa y cualitativamente las características y necesidades de un puesto de trabajo se denomina perfil profesiográfico.

        ☐ Verdadero
        ☑ **Falso**

e. El departamento de recepción se divide en reservas, mostrador, facturación y conserjería.

☐ Verdadero
☑ **Falso**

3. **Relacione los siguientes elementos referentes a alojamientos turísticos.**

a. Apartamentos turísticos.
b. Masías.
c. Campamentos de turismo.
d. Hoteles.
e. Balnearios.

d. Letra H en color blanco.
e. Tratamientos termales.
a. Placa color rojo llama.
b. Alojamientos rurales.
c. Alojamientos móviles.

4. **El aprovechamiento por turnos de inmuebles de uso turístico...**

a. ... supone el ejercicio, transmisión y extinción de la propiedad de bienes inmuebles.
b. ... atribuye la facultad de disfrutar durante un período inferior a siete días seguidos un bien inmueble.
c. **... atribuye la facultad de disfrutar un bien inmueble durante un período específico cada año.**

5. **La estructura funcional...**

a. **... se caracteriza por ejercer la autoridad sobre las actividades y sobre las personas.**
b. ... es conocida también como lineal.
c. ... es una estructura moderna.

6. **Es una función de reservas del departamento de recepción el...**

    a. ... registro de clientes.
    b. **... control de depósitos.**
    c. ... control de habitaciones.

7. **¿Cuáles son los departamentos que suelen tener los establecimientos de alojamiento turístico? Enumérelos.**

Dirección, departamento de alojamiento o habitaciones, departamento de alimentos y bebidas, departamento de mantenimiento, servicios técnicos y seguridad, departamento comercial, departamento de administración y departamento de recursos humanos.

8. **¿Qué se entiende por selección de personal?**

La selección ha de entenderse como el proceso por el que se elige a una persona, entre otras, considerándola la más idónea para cubrir un determinado puesto de trabajo en una organización concreta.

9. **Complete las siguientes oraciones.**

Según el Real Decreto 1634/1983, de 15 de junio, los establecimientos hoteleros son aquellas empresas y establecimientos dedicados de modo **profesional** y **habitual** al alojamiento de personas mediante **precios**, excepto la simple tenencia de huéspedes con carácter estable y los **apartamentos turísticos.**

El *planning* de reservas es elaborado y utilizado por **reservas** y tiene como objetivo presentar de forma gráfica **la disponibilidad** de plazas de un alojamiento hotelero.

Según Peña Baztán, el test es el instrumento de **selección** cuyo idéntico contenido, aplicado mediante un sistema normalizado, permite apreciar **las diferencias** que en su resolución producen cuantitativa y cualitativamente los diversos sujetos a los que se aplica, resultados que permiten la comparación entre sí mediante la aplicación de la **estadística matemática.**

10. ¿Qué relaciones se pueden dar entre el departamento de reservas y el de conserjería?

Reservas le informará a conserjería sobre la ocupación prevista y alguna petición de algún servicio especial que hayan solicitado los clientes.

11. ¿Qué es un vale de servicio?

Es el impreso mediante el cual cualquier departamento de venta (bar, cafetería, lavandería, teléfonos, etc.) va a acreditar un consumo realizado por un cliente, no pagado sino cargado en la cuenta de la habitación para ser pagado posteriormente en la factura.

Solucionario Capítulo 6

1. De las siguientes frases, indique cuál es verdadera o falsa.

   a. Todo trabajador que se incorpora por primera vez a una empresa lo hace con mucha seguridad.

      ☐ Verdadero
      ☑ **Falso**

   b. La responsabilidad de cada trabajador termina con la tarea que se le ha asignado.

      ☐ Verdadero
      ☑ **Falso**

   c. El manual de operaciones es una pieza clave del sistema de cualquier empresa, por pequeña que sea su dimensión.

      ☑ **Verdadero**
      ☐ Falso

2. Las retribuciones son información que se da referente a...

   a. ... la cultura de la empresa.
   b. ... las relaciones personales.
   c. **... la política social y laboral.**

3. La organización hotelera se ha caracterizado por:

   a. Estar orientada al cliente.
   b. Estar orientada a la calidad.
   c. **Rigurosas divisiones del trabajo y la responsabilidad.**

4. En un manual de operaciones de pisos se describe...

    a. ... cómo actuar ante *overbooking*.
    b. ... el servicio de cobertura.
    c. ... cómo transferir llamadas.

5. Complete las siguientes oraciones.

    a. El manual de operaciones debe estructurarse por **departamentos,** unidades o centros, detallándose en cada caso su posición dentro de la empresa, su **objetivo** concreto, medios y recursos, **funciones** y actividades, relaciones internas, externas y comerciales y **orden jerárquico** y autoridad.

    b. Un curso de formación es la serie ordenada de **conocimientos** actividades, informes o **ejercicios** que se llevan a cabo en un proceso de instrucción, y que consta normalmente de una **parte teórica** y otra de aplicación de los conocimientos teóricos.

    c. El proceso de fusión consiste en una **socialización** en virtud de la cual un individuo va aprendiendo y aceptando **las normas** de un grupo siendo aceptado a su vez por el resto de **miembros** del grupo.

6. Relacione las siguientes definiciones con los fines inmediatos de la formación:

    a. Transmitir al trabajador los conocimientos necesarios para desarrollar sus funciones con la mayor preparación.
    b. Hacer una persona hábil y experta en un oficio.
    c. Reorientar o potenciar las aptitudes del trabajador para que pueda desarrollar su trabajo en las condiciones más óptimas.
    d. Comunicar todo lo relacionado con la empresa en su ámbito interno y externo.

    c. Educar
    a. Instruir
    b. Adiestrar
    d. Informar

7. ¿Cuáles son las etapas de la dirección de recursos humanos? Enuméralas.

  a. Planificación.
  b. Reclutamiento.
  c. Selección.
  d. Integración.
  e. Formación.
  f. Evaluación.
  g. Reconocimiento.

8. ¿Cómo se definen los programas de formación?

Se definen los programas de formación como el sistema y la distribución de las materias de un curso o asignatura.

9. ¿En qué consiste la *técnica strokes* de motivación?

Consiste en dar todos los tipos de atenciones que pueden ser positivas (agradecimientos, abrazos, elogios, etc.), negativas (regañinas, castigos, desprecios, etc.) o en base cero (los comportamientos correctos y poco íntimos).

10. Enuncie dos de los propósitos de los manuales de operaciones.

Aumentar la eficiencia de los empleados, indicándoles lo que deben hacer y cómo deben hacerlo.

Ayudar a la coordinación de actividades y evitar duplicidades.

11. ¿Cuáles son las funciones del *management?* Enumérelas.

  a. Planificación y organización.
  b. Administración.
  c. Integración de R.R. H.H. (Recursos humanos).
  d. Dirección y liderazgo.
  e. Ejecución.
  f. Control.
  g. Evaluación de resultados.

Solucionario Capítulo 7

1. De las siguientes frases, indique cuál es verdadera o falsa.

a. La negociación colectiva ha de ser la forma habitual de regular las condiciones de trabajo en las empresas.

☑ **Verdadero**
☐ Falso

b. Existe una cadena que va en este orden: necesidad, deseo, satisfacción.

☑ **Verdadero**
☐ Falso

c. El sistema de liderazgo de explotación-autoritario es también conocido como paternalista.

☐ Verdadero
☑ **Falso**

2. Las reuniones de trabajo deben...

a. ... ser lo más largas posible, como mínimo de una hora de duración.
b. ... ser de grupos como mínimo de 10 personas.
c. ... ser a una hora cómoda, por ejemplo las 10 de la mañana.

3. El conflicto laboral...

a. ... es la alteración de la normalidad en las relaciones laborales.
b. ... siempre es colectivo.
c. ... es colectivo cuando afecta a la empresa y un trabajador.

4. Un trabajador motivado se caracteriza por:

      a. Aceptar con reticencia los cambios

      b. Tener una buena imagen de sí mismo, pero no de la empresa.

      c. Tener una buena imagen de su trabajo.

5. Complete las siguientes oraciones.

Las actuales teorías de **gestión** empresarial consideran a la **comunicación** en las empresas como uno de los factores estratégicos de la política de **organización** y como el medio más adecuado para alcanzar el compromiso **socio-laboral.**

El liderazgo se define como la capacidad de ciertas personas para **influir** en otras, de forma que por **convencimiento** y con entusiasmo se esfuercen en cumplir las instrucciones para **alcanzar** las metas del grupo.

Para ganarse la **autoridad** (la capacidad de liderazgo), y conseguir la confianza de los **subordinados,** estos deben estar convencidos de que, siguiendo al jefe, se conseguirán sus objetivos **particulares** y los de la empresa.

6. Relacione las siguientes modalidades de comunicación.

      a. Órdenes

      b. Charla con el colega.

      c. Informes.

      d. Gesticulación.

      e. Sugerencias.

      c. Comunicación verbal escrita.

      d. Comunicación no verbal.

      e. Comunicación ascendente.

      a. Comunicación descendente.

      b. Comunicación informal.

7. ¿Para qué puede usar el directivo las reuniones de trabajo?

Aglutinar al grupo y fomentar la cohesión.

Fijar políticas comunes.

Fomentar la participación y la motivación.

8. ¿Cuáles son las funciones genéricas de la comunicación?

Hacer que circule la información (que llegue a donde debe llegar).
Socializar a los empleados.
Estimular la estructura jerárquica.
Crear una imagen interna que facilite un sentimiento de orgullo y pertenencia grupal.

9. ¿Qué requisitos deben cumplirse para alcanzar la motivación en los equipos de trabajo?

Llevar a la empresa a una cultura de objetivos.
Tener unos canales de comunicación ascendentes y descendentes, completamente abiertos y por los que fluya la comunicación.
Trabajar en equipo.
Mantener una política de personal de carreras abierta.

10. ¿Qué tipos de liderazgo existen? Descríbalos brevemente.

Líder autocrático: ordena y espera ser obedecido. El siempre tiene la razón.
Líder participativo: toma las decisiones el aunque consulta a sus subordinados.
Líder de rienda suelta: supervisa muy poco a sus subordinados, y deja que ellos mismos fijen sus metas.

11. Enumere las fases del procedimiento de negociación colectiva.

Denuncia del convenio por parte de los trabajadores (si es que existe convenio anterior) o promoción de nuevo convenio en su caso.
Composición de la comisión negociadora.
Discusión y acuerdo de los temas que han de tratarse.
Validez del convenio.

Solucionario Capítulo 8

1. **De las siguientes frases, indique cuál es verdadera o falsa.**

   a. Los módulos que conforman el *Back Office* permiten el manejo y control administrativo y financiero de la empresa.

      ☑ **Verdadero**
      ☐ Falso

   b. En los hoteles, las interacciones que se producen son siempre a nivel hombre-máquina.

      ☐ Verdadero
      ☑ **Falso**

   c. Las herramientas de gestión hotelera se conocen con las siglas de SIGH.

      ☑ **Verdadero**
      ☐ Falso

2. **El módulo de *SIHOT Billbackup* permite...**

   a. ... estar al día en la gestión de créditos.
   b. ... gestionar de forma centralizada los datos maestros.
   c. **... emitir de forma rápida una factura.**

3. **Son procesos de Front Office los de...**

   a. ... reservas y economato.
   b. **... reservas y bar/restaurante.**
   c. ... reservas y comercial.

4. **El módulo de cuentas por pagar permite llevar...**

    a. ... el control de los cheques.
    b. ... el control de las operaciones sujetas a pagos de comisiones.
    c. ... el control del detalle de las deudas.

5. **Los programas de gestión a medida no...**

    a. ... se adaptan a las particularidades de cada empresa.
    b. ... permiten ceder al usuario la propiedad del código fuente.
    c. ... pueden instalarse en todos los equipos con un coste adicional de licencias.

6. **El área de comunicación no comprende los procesos...**

    a. ... de las centrales telefónicas.
    b. ... comerciales, de administración, contabilidad y operacionales.
    c. ... de conexiones con TPV.

7. **El módulo de recepción no permite...**

    a. ... controlar y actualizar la ocupación.
    b. ... la correcta aplicación de tarifas.
    c. ... reservar un espacio, para un tiempo, unos servicios y unas personas.

8. **Complete las siguientes oraciones.**

Los programas que conforman el *Front Office* del sistema permiten el **ingreso,** control y análisis de la información generada por los **huéspedes** del hotel desde la petición de habitación, siguiendo con el registro del huésped y finalizando con el **cierre** de la cuenta.

El módulo de auditoría nocturna permite verificar, **controlar,** registrar y contabilizar los movimientos y **transacciones** efectuadas por los usuarios en los diferentes **turnos** de trabajo.

En el módulo de contabilidad es donde se concentra toda la información contable generada con las **operaciones** realizadas a través de los diferentes **módulos** del sistema, que será procesada para poder presentarla de la forma establecida por los procedimientos contables, proporcionando herramientas necesarias para la **toma de decisiones**.

9. **Relacione los siguientes procesos de** *Front Office* **y** *Back Office*.

    a. Nacionalidades
    b. Control de mesas
    c. Entrada de *roomig list*
    d. Producción por camareros
    e. Diario de compras
    f. Información de cupos

    b. Bar y restaurante *(Front Office)*
    f. Comercial
    e. Economato
    a. Parametrización.
    d. Bar y restaurante *(Back Office)*
    c. Reservas.

10. **¿En qué consisten los Sistemas Informáticos de Gestión Hotelera (SIGH)?**

Consisten en un conjunto de bases de datos más el procesamiento asociado, además de una serie de funciones de interconexión con otros sistemas auxiliares como centrales telefónicas o terminales de punto de venta (TPV).

11. **¿Qué podrá hacer el cliente a través de los terminales de información?**

    ▮ Obtener información del hotel en entorno multimedia.
    ▮ Reservar servicios dentro del hotel.
    ▮ Consultar su cuenta.
    ▮ *Check- out* automático y pago con tarjeta.

12. ¿En qué dos categorías se dividen los SIGH dependiendo de los procesos que los conforman?

1. Front Office, referidos al comportamiento del hotel y el exterior.
2. Back Office o procesos de gestión interna.

13. ¿Cuáles son las principales aplicaciones de los sistemas inmóticos en los hoteles?

▌ Control de accesos.
▌ Control de iluminación.
▌ Control de climatización.
▌ Control energético.
▌ Alarmas técnicas.
▌ Comunicaciones.
▌ Control de presencia.

14. Enumere los módulos que conforman el *Front Office* y el *Back Office*.

1. Front Office:

▌ Módulo de reservas.
▌ Módulo de recepción.
▌ Módulo de caja recepción.
▌ Módulo de gobernanta.
▌ Auditoría nocturna.
▌ Módulo de estadísticas.
▌ Módulo de consultas telefónicas.

2. Back Office:

▌ Módulo de cuentas por cobrar.
▌ Módulo de inventario de almacenes.
▌ Módulo de compras.
▌ Módulo de entradas de almacén.
▌ Módulo de salidas de almacén.
▌ Módulo de cuentas por pagar.
▌ Módulo de bancos.
▌ Módulo de contabilidad.
▌ Módulo control de comisiones.

Procesos de gestión de calidad en hostelería y turismo

Solucionario Capítulo 1

1. ¿El aseguramiento de la calidad genera actividades de prevención de la calidad mediante la definición previa y normalización de los servicios que se producen?

    a. Cuando la satisfacción del cliente sea superior al 25 %.
    b. Sí.
    c. No.
    d. A veces.

2. Indique si la siguiente afirmación es verdadera o falsa.

El cliente es el único juez de la calidad del servicio, sus opiniones son las que más importan.

    ☑ **Verdadero**
    ☐ Falso

3. Como bienes de consumo, los servicios de hostelería son:

    a. Tangibles.
    b. Almacenables.
    c. Ni tangibles, ni almacenables.
    d. Tangibles y almacenables.

4. La calidad es tarea...

    a. ... de todos, desde el dueño de la empresa hasta el último de los empleados.
    b. ... solo de los clientes.
    c. ... de los dueños de la empresa y de los directores.
    d. ... solo de los dueños de la empresa.

5. **La excelencia en el servicio significa:**

   a. Satisfacer a los clientes por encima de todo, aún a costa del sacrificio y explotación de los trabajadores.
   b. Satisfacer a los trabajadores.
   c. Satisfacer a los proveedores y dueños a largo plazo.
   d. Satisfacer a clientes, propietarios, proveedores y trabajadores.

6. **Indique si la siguiente afirmación es verdadera o falsa.**

   Los costes de la calidad se denominan también costes de conformidad.

   ☑ **Verdadero**
   ☐ Falso

7. **Los aspectos clave de una implantación de sistema de calidad son:**

   a. El procedimiento de calidad.
   b. El manual de procedimiento y calidad.
   c. El manual de procedimientos y el manual de calidad.
   d. El manual de cantidad.

8. **Indique si la siguiente afirmación es verdadera o falsa.**

   La no calidad es absurda y no existe.

   ☐ Verdadero
   ☑ **Falso**

9. **El modelo de excelencia EFQM maneja nueve criterios para su implantación:**

   a. Cuatro son agentes facilitadores y cinco son agentes de dificultad.
   b. Cinco son agentes de dificultad y cuatro son agentes facilitadores.
   c. Cuatro son agentes de dificultad y cinco son agentes facilitadores.
   d. Cinco son agentes facilitadores y cuatro son agentes de resultados.

10. La función de certificar o acreditar a las empresas certificadoras en España es realizada por...

    a. AENOR.
    b. ENAC.
    c. ISO.
    d. CONESTUR.

Solucionario Capítulo 2

1. Un sistema de gestión de la calidad se compone de...

    a. ... procedimientos y recursos.
    b. ... procedimientos, procesos y recursos.
    c. ... recursos y procesos.
    d. ... procedimientos, procesos y sistemas.

2. En el desempeño de la labor de coordinación, la Dirección de una empresa turístico-hostelera es importante que desarrolle procedimientos de...

    a. ... formación y concienciación de los trabajadores.
    b. ... formación y concienciación de los clientes.
    c. ... formación y concienciación de los jefes de departamento.
    d. ... comunicación personal entre los trabajadores.

3. A la hora de evaluar el grado de calidad que se ha alcanzado en un servicio lo más importante es que el nivel de calidad realizada coincida exactamente con el de calidad programada.

    a. No siempre.
    b. Casi siempre.
    c. No.
    d. Sí.

4. ¿Cuándo se habla de calidad total? Cuando la calidad percibida iguala a la calidad esperada.

    a. Cuando la calidad percibida iguala a la calidad esperada.
    b. Cuando la calidad percibida supera a la calidad esperada.
    c. Cuando la calidad percibida es menor que la calidad esperada.
    d. Cuando la calidad esperada supera a la calidad percibida.

5. Indique si la siguiente afirmación es verdadera o falsa:

La calidad positiva aparece cuando la calidad percibida supera a la calidad esperada.

☑ **Verdadero**
☐ Falso

6. ¿Qué compara el modelo SERVQUAL?

    a. Calidad programada, realizada, desesperada y percibida.
    b. Calidad programada, realizada, esperada y percibida.
    c. Calidad programada, realizada, esperada y recibida.
    d. Calidad garantizada, realizada, esperada y percibida.

7. Indique si la siguiente afirmación es verdadera o falsa:

Un proceso es una secuencia de actividades realizadas por el mismo empleado.

☐ Verdadero
☑ **Falso**

8. En los procesos se dan unos *output* que son:

    a. La calidad total.
    b. Las entradas.
    c. Las personas, métodos, materiales y máquinas.
    d. Los servicios (o bienes) terminados.

9. De los siguientes, ¿cuál no es un proceso de la actividad de hostelería?

    a. Alojamiento.
    b. Alimentación.
    c. Restauración
    d. Administración.

10. Indique si la siguiente afirmación es verdadera o falsa:

En los procesos se dan unas 'entradas' que son personas, métodos, materiales, máquinas.

☑ **Verdadero**
☐ Falso

Solucionario Capítulo 3

1. La comprobación de la calidad se refiere a...

    a. ... detectar en los procesos productivos desviaciones de la especificación de calidad.
    b. ... controlar las medidas correctas del producto final.
    c. ... la inspección que se hace al servicio después de prestarlo.
    d. ... identificar la no calidad en el producto terminado.

2. La medición de la satisfacción de los clientes se realiza...

    a. ... de vez en cuando, mediante entrevistas con los clientes al salir.
    b. ... nunca, lo único es estar seguro de que el producto es bueno.
    c. ... de manera continua y por diferentes métodos para disponer de información que permita mantener a todos los clientes satisfechos.
    d. ... sin molestar al cliente para nada, solamente se observa el gasto que ha realizado.

3. Indique si la siguiente frase es verdadera o falsa.

Las características de la calidad se manifiestan por unos valores, numéricos o cualitativos, que casi siempre varían de forma aleatoria.

    ☑ **Verdadero**
    ☐ Falso

4. Indique si la siguiente frase es verdadera o falsa.

Un comunicado es una información que un empleado envía a la dirección sobre asuntos generales.

    ☐ Verdadero
    ☑ **Falso**

5. Indique si la siguiente frase es verdadera o falsa.

Los métodos estadísticos manejan tanto variables con valores numéricos, como atributos con valores cualitativos.

☑ **Verdadero**
☐ Falso

6. Ejemplos de cálculos de la estadística inferencial son:

    a. Media aritmética.
    b. Media geométrica.
    c. Muestreo.
    d. Descripción aritmética.

7. Entre los métodos estadísticos que aporta la estadística teórica a los estudios de calidad, no está:

    a. El cálculo probabilístico.
    b. La moda.
    c. La estimación.
    d. El muestreo.

8. En Estadística, una muestra es un conjunto de valores representativos de una población que, para que sea válida, tiene que atender a...

    a. ... los criterios de selección del conjunto de valores.
    b. ... al tamaño de la muestra.
    c. ... las preferencias de la dirección.
    d. ... la estimación.

9. Rellene los huecos en las siguientes frases:

El muestreo puede ser probabilístico y **no probabilístico**. El probabilístico puede ser aleatorio simple, aleatorio **sistemático**, aleatorio estratificado y **aleatorio** por conglomerados. El **no probabilístico** puede ser por cuotas, **intencionado**, bola de nieve y **discrecional**.

10. Indique si la siguiente frase es verdadera o falsa.

La evaluación se vincula con los resultados y advierte de lo que va bien y de lo que no funciona.

☑ **Verdadero**
☐ Falso